NOVOS DIÁLOGOS SOBRE A CLÍNICA PSICANALÍTICA

Blucher

NOVOS DIÁLOGOS SOBRE A CLÍNICA PSICANALÍTICA

Marion Minerbo

Colaboradoras
Isabel Botter e Luciana Botter

Novos diálogos sobre a clínica psicanalítica
© 2019 Marion Minerbo, Isabel Botter, Luciana Botter
Editora Edgard Blücher Ltda.
2ª reimpressão - 2020

Fotomontagem da capa: Inês Maria

Blucher

Rua Pedroso Alvarenga, 1245, 4º andar
04531-934 – São Paulo – SP – Brasil
Tel.: 55 11 3078-5366
contato@blucher.com.br
www.blucher.com.br

Segundo o Novo Acordo Ortográfico, conforme 5. ed. do *Vocabulário Ortográfico da Língua Portuguesa*, Academia Brasileira de Letras, março de 2009.

É proibida a reprodução total ou parcial por quaisquer meios sem autorização escrita da editora.

Todos os direitos reservados pela Editora Edgard Blücher Ltda.

Dados Internacionais de Catalogação na Publicação (CIP)
Angélica Ilacqua CRB-8/7057

Minerbo, Marion
　Novos diálogos sobre a clínica psicanalítica / Marion Minerbo ; colaboradoras: Isabel Botter e Luciana Botter. – São Paulo : Blucher, 2019.
　288 p.

Bibliografia
ISBN 978-85-212-1443-4 (impresso)
ISBN 978-85-212-1444-1 (e-book)

1. Psicanálise I. Título. II. Botter, Isabel. III. Botter, Luciana.

19-0410　　　　　　　　　　　CDD 150.195

Índice para catálogo sistemático:
1. Psicanálise

*Para AnaLisa, minha interlocutora predileta.
Estimulada por sua inteligência, vivacidade
e profundo interesse pela psicanálise,
procurei dar a ela o melhor de mim.*

Conteúdo

Agradecimentos	9
Prefácio	11
1. Núcleos neuróticos e não neuróticos	17
2. Como pensa um psicanalista?	53
3. Algumas ideias de René Roussillon	89
4. O supereu cruel	117
5. Depressão sem tristeza, com tristeza e melancólica	161
6. Ser e sofrer hoje	201
7. Loucuras cotidianas	233
Referências	279

Agradecimentos

Iniciei minha parceria com Luciana Botter com o blog *Loucuras cotidianas*. Excelente leitora, interlocutora e editora, Luciana entende também dessas coisas de internet e mídias sociais. Naquela época, sua irmã, Isabel Botter, já curtia e discutia meus textos. Guardadas as proporções, foram para mim o que Fliess foi para Freud: durante quase dois anos, nossa troca de e-mails me ajudou a sustentar o intenso investimento na escrita. Este livro é uma continuidade daquela parceria, mas agora de maneira mais séria. Isabel foi oficialmente incluída na equipe. Juntas, verteram vários textos da forma corrida para a forma diálogo. Sobre esta primeira base, pude reescrevê-los recuperando o frescor de escritos antigos. Também revisaram e editaram todos os textos, organizaram a bibliografia, escreveram o Prefácio, enfim, deixaram tudo prontinho. Sem elas, o livro não existiria. Muito obrigada às duas.

Agradeço às garotas do Happy Hour. Amizade, intimidade, conversa gostosa ao pé do fogão e apoio recíproco nas horas difíceis. Fico maravilhada com a riqueza da biodiversidade feminina:

Liana Pinto Chaves, Maria Elena Salles, Marilsa Taffarel e Sandra Moreira de Souza Freitas.

E às queridas garotas ponta firme: Ana Cristina Araújo Cintra, Elisa Bracher, Silvia Bracco e Sonia Terepins.

A Luis Terepins, pela generosidade.

A Claudia Berliner e Luiz Meyer, pela amizade de uma vida inteira.

A Isabel Marazina, Dominique Bourdin e Cris Rocha, pela travessia.

Aos amigos do Encontro Clínico, Adriana Cerqueira Leite, Alexandre Maduenho, Eduardo Letierre, Luciana Balbo, Maria Manuela Moreno, pelas saborosas discussões.

Ao querido Grupo do Bolo, por todos estes anos.

A todos os jovens colegas – da Sociedade Brasileira de Psicanálise de São Paulo (SBPSP) e de outros grupos – que me concederam o privilégio de compartilhar momentos de sua formação. São eles os meus interlocutores quando me dedico a escrever e a transmitir um pouco disso que me apaixona.

Aos meus queridos filhos, por seus valores. Aos meus netos, tão valiosos.

À editora Blucher, pelas portas abertas.

Prefácio

Em primeiro lugar, gostaria de agradecer ao gentil convite de Marion para escrever o Prefácio deste livro. Honrada, mas surpresa, perguntei "por que eu?". Ela respondeu que sou sua interlocutora predileta, pois consigo extrair o melhor dela, e ela de mim. Diante disso, não pude recusar o desafio. Senti também que seria útil neste momento da minha formação psicanalítica, pois todos os capítulos contribuem, de uma forma ou outra, ao lento processo de ir "encarnando a teoria", como ela gosta de dizer.

Talvez nem todos saibam, mas este é o segundo volume desta série de diálogos. Em 2016, Marion publicou, também pela Blucher, *Diálogos sobre a clínica psicanalítica*. O livro foi muito bem recebido, não só por profissionais como por estudantes de psicologia e psicanálise. Marion me acompanha há vários anos e me conhece bem. Consegue transmitir coisas difíceis de um jeito simples, o que faz toda a diferença na minha formação. Por isso propus a ela que continuássemos aquelas nossas conversas, o que ela prontamente aceitou. O leitor tem em mãos os temas que escolhemos para este segundo volume.

Eu tinha o maior interesse em conversar sobre textos que ela já tinha publicado em revistas especializadas, aos quais não tinha acesso. Pedi que fizesse uma "lista" dos que considerava os mais importantes e significativos, como ponto de partida. Ela escolheu quatro. Além desses, eu queria muito entender melhor como pensa um psicanalista. E queria saber um pouco mais sobre depressões, já que muitos dos meus pacientes se apresentam com essa queixa. Por fim, resolvemos incluir as melhores conversas que tivemos em 2017 e 2018 sobre temas do cotidiano. São interpretações psicanalíticas das várias figuras do mal-estar na civilização. Elas estão no seu blog, *Loucuras cotidianas*, mas como nem todos frequentam blogs, achamos que podia ser interessante que fossem publicadas neste livro.

Terminado o livro, pude reconhecer dois eixos que atravessam todos os capítulos. O primeiro: ela toma radicalmente em consideração a noção de intersubjetividade. Os mais diferentes temas são trabalhados tendo como pressuposto dois sujeitos em relação, em afetação recíproca. O segundo: ela trabalha o tempo todo com a teoria encarnada na clínica, de forma que pude apreender seu pensamento clínico com muita clareza.

Gostaria de apresentar os capítulos, compartilhando com o leitor um ou dois pontos de cada diálogo que fizeram a diferença na minha formação.

O primeiro diálogo é sobre *núcleos neuróticos e não neuróticos*. Essa conversa teve como base o texto "Núcleos neuróticos e não neuróticos: constituição, repetição e manejo", publicado na *Revista Brasileira de Psicanálise* (2010). Foi uma conversa importante porque me deu uma base para todas as outras. O que eu achei mais interessante foi a forma como Marion já iniciou nossa conversa me ajudando a entender o que são esses núcleos:

> O termo "núcleo" remete a certo tipo de organização e de processos inconscientes. Os núcleos determinam uma forma de sentir, pensar e agir, o que, por sua vez, se manifesta clinicamente como uma forma de ser e de sofrer. Núcleo melancólico, núcleo paranoico, núcleo masoquista etc. O termo genérico "não neurótico" se refere a todos os tipos de funcionamento psíquico em que a separação sujeito-objeto não foi suficientemente conquistada. (p. 18)

O segundo capítulo é sobre *como pensa um psicanalista*. Esse diálogo me ajudou bastante a compreender melhor a relação entre teoria e clínica e como o pensamento clínico opera não só em sessão, mas também fora dela. O trecho a seguir menciona dois conceitos sem os quais não existe um modo de pensar propriamente psicanalítico:

> *Então, acho que estamos prontas para ver juntas como os conceitos de inconsciente e transferência determinam um jeito próprio de ler os fenômenos humanos. E isso tanto no consultório quanto na vida. Exatamente como seu amigo artista, que trabalha no ateliê dele, mas olha para a mesa de jantar da sua casa e vê uma instalação. (p. 58)*

No terceiro capítulo, conversamos sobre *algumas ideias de René Roussillon*. Essa conversa teve como base o texto "O pensamento clínico contemporâneo: algumas ideias de René Roussillon", também publicado na *Revista Brasileira de Psicanálise* (2013a). Marion usa as ideias dele já encarnadas na clínica, não só neste volume, mas também no primeiro. Nossa longa conversa começou animada:

> *Então, só para dar a largada, vou situar o pensamento dele do ponto de vista da psicopatologia – que, como você sabe, é o estudo das formas de sofrimento psíquico e sua determinação inconsciente. Como muitos autores contemporâneos, Roussillon também se interessou pelo sofrimento psíquico ligado às dificuldades na constituição do eu. Seus autores de referência são Freud e Winnicott, e ele dialoga com muitos pós-freudianos francófonos, especialmente com Anzieu, que foi seu analista, e com Green, que era seu colega mais velho. (p. 90)*

O quarto capítulo é sobre *o supereu cruel*. Tem como base um texto publicado na *Revista Brasileira de Psicanálise* (2015) intitulado "Contribuições a uma teoria sobre a constituição do supereu cruel", com o qual venceu o prêmio Durval Marcondes, no XXV Congresso Brasileiro de Psicanálise em 2015. Já no fim da conversa ela fez um resumo das principais ideias, que compartilho com o leitor a título de *spoiler*.

> *Partimos do pressuposto que o supereu se constitui na relação intersubjetiva entre a criança e o aspecto paranoico do objeto primário. O ódio com que o supereu ataca o eu tem a ver 1) com a internalização e identificação com os microvotos de morte da figura parental; e 2) com o ódio despertado na criança pelo abuso de poder.*
>
> *O ódio é um afeto em estado bruto, brota violentamente do isso, num ímpeto de destruir o outro vivido como ameaça, como um inimigo que quer destruir o eu.*

Mas há um outro elemento muito importante no paranoico: a crueldade. O supereu é cruel com o eu. E antes que você pergunte, já vou antecipar: para mim, crueldade é diferente de sadismo. (p. 142)

No quinto capítulo, o assunto foi depressão. Ou melhor: depressões! Ela propôs um painel diferenciando *depressão sem tristeza, com tristeza e melancólica*. Achei interessante pensar que esse quadro, que costuma ser visto como doença, é "apenas" o sintoma da atividade de um núcleo inconsciente. Já no fim da conversa eu mesma quis resumir o que me pareceu sua contribuição original ao tema:

Vimos com algum detalhe os núcleos inconscientes subjacentes a cada uma [das três formas de depressão]. E você propôs uma hipótese que me pareceu bem interessante – e ousada. Sugeriu que os núcleos se organizam em função de modos específicos de presença/ausência do objeto primário: vínculo operatório, vínculo em codependência, e vínculo com desinvestimento/investimento negativo do sujeito por parte de seu objeto primário. (p. 199)

No sexto capítulo, abordamos modos de *ser e sofrer* na pós-modernidade. Essa conversa teve como base o texto "Ser e sofrer, hoje", publicado na *Revista IDE* (2013b). Ecos dessas ideias aparecem no modo como ela trabalha as pequenas loucuras cotidianas no seu blog. Pude entender como a atual crise das instituições determina os modos específicos de sofrimento em nossa cultura. Um dos interessantes *insights* da nossa conversa:

> *O fracasso na busca de sentido está ligado à crise das grandes instituições no mundo contemporâneo. É isso que torna tão difícil criar e sustentar internamente um ideal do eu – um projeto de vida que lhe dê sentido. Neste vácuo, vão surgir projetos de vida sem espessura simbólica: conseguir um corpo sarado, consumir, pensar na próxima tatuagem, preparar-se para a próxima maratona. (p. 225-226)*

Do último capítulo, aquele sobre *loucuras cotidianas*, uma das conversas de que mais gostei foi sobre como nasce o fanatismo religioso. Esse tema sempre me intrigou, e a perspectiva psicanalítica me trouxe alguma luz sobre o fenômeno. Outro tema bem interessante de que falamos foi a polarização política e a emergência de uma corrente neoconservadora, aqui e em vários lugares do mundo. Debatemos ainda outras pequenas loucuras cotidianas, como a atual obsessão por comida e a morte do bom senso. Eu me surpreendi quando entendi como a psicanálise permite interpretar sintomas sociais de modo a reconhecer as várias figuras do mal-estar produzido pela nossa civilização.

Uma observação final. O leitor atento notará que, no Capítulo 3, eu falo de uma paciente minha que se chama Marcia. E, no Capítulo 4, Marion fala sobre uma paciente dela que também se chama Marcia. Uma coincidência que poderia confundir o leitor. Mas coincidências acontecem, e resolvemos deixar assim mesmo.

Caros colegas, espero que aproveitem estes *Novos diálogos* tanto quanto eu.

AnaLisa

1. Núcleos neuróticos e não neuróticos

Olá, AnaLisa! Vamos continuar nossos *Diálogos sobre a clínica psicanalítica*? Você viu que eles foram publicados em livro pela editora Blucher em 2016?

Vi, sim. Meus colegas acharam bem útil poder acompanhar aquelas conversas. E aí eu pensei em lhe propor novos diálogos sobre a clínica psicanalítica. Poderíamos conversar sobre alguns dos textos que você publicou em revistas especializadas, às quais nem todos têm acesso.

Que boa ideia! Nesse caso eu começaria por um texto que, modéstia à parte, considero bem importante, e que saiu na *Revista Brasileira de Psicanálise* em 2010. Ele pode funcionar como uma base e uma introdução para nossas próximas conversas. Vou me referir a ele muitas vezes. Chama-se "Núcleos neuróticos e não neuróticos: constituição, repetição e manejo na situação analítica". Ainda mantenho o essencial das ideias, mas tenho muitas coisas a acrescentar, principalmente sobre a clínica.

É uma continuação do seu livro Neurose e não neurose, *de 2009?*

De certa forma. No livro eu me preocupei em mapear, dos pontos de vista clínico e metapsicológico, esses dois grandes territórios da psicopatologia psicanalítica. Mas no artigo que estou propondo discutirmos faço uma coisa um pouco diferente: reconheço, na mesma paciente, material clínico que aponta para um núcleo neurótico e um não neurótico.

Numa mesma paciente? Pensei que neurose e não neurose se referissem a estruturas psíquicas diferentes!

Os textos que eu li quando escrevia o livro faziam referência a estruturas, e eu acabei mantendo o termo. Hoje eu tiraria, porque na prática não é assim. Todos temos núcleos neuróticos e não neuróticos convivendo lado a lado.

O que, exatamente, você chama de núcleos?

O termo "núcleo" remete a certo tipo de organização e de processos inconscientes. Os núcleos determinam uma forma de sentir, pensar e agir, o que, por sua vez, se manifesta clinicamente como uma forma de ser e de sofrer. Núcleo melancólico, núcleo paranoico, núcleo masoquista etc. O termo genérico "não neurótico" se refere a todos os tipos de funcionamento psíquico em que a separação sujeito-objeto não foi suficientemente conquistada.

Dito assim parece tão simples! O que a levou a escrever esse texto?

Em geral, quando lemos um texto teórico-clínico, o autor aborda o sofrimento produzido por um único núcleo. Só que, na teoria, como lhe disse, é consenso que há núcleos de todos os tipos convivendo lado a lado. Eles afloram, ou seja, se manifestam clinicamente em função de determinadas situações de vida.

É mesmo. E isso sempre nos surpreende. Freud (1921/2011a) escreveu sobre os fenômenos de massa e mostra como as pessoas, quando se juntam em grupos, podem fazer coisas que até então eram inimagináveis. Se isso acontece, é porque aquilo existia como potencial que pode ser "acordado" num determinado campo intersubjetivo.

Existia na forma de núcleo inconsciente! Pois bem. Eu atendia uma paciente que me deixava intrigada. Ora eu escutava material que parecia ligado a aspectos neuróticos, ora a aspectos não neuróticos.

Quer dizer, elementos edipianos e narcísicos.

Isso. Também na contratransferência eu me sentia convocada de modos diferentes. Mostrar como esses dois núcleos se manifestam numa mesma paciente, com todas as consequências em termos de manejo transferencial, me pareceu um bom jeito de dar continuidade aos meus estudos sobre psicopatologia psicanalítica.

Você poderia fazer um resumo do texto, para eu ter uma ideia prévia?

Boa ideia. Afinal, o título é muito extenso, e mesmo um tanto pretensioso: "constituição, repetição e manejo na situação analítica".

Pelo que conheço de você, imagino que você não teve a pretensão de esgotar o tema.

Verdade. Apenas tentei imaginar, a partir da repetição na situação transferencial-contratransferencial, que tipo de relação intersubjetiva poderia estar na origem desses núcleos, isto é, como eles se constituem. E, para isso, levei totalmente a sério a ideia de intersubjetividade, o que significa lembrar que o objeto com o qual o sujeito se constitui é também um outro-sujeito.

Quer dizer, ele também tem um inconsciente.

Exatamente. Se a mãe e o pai têm inconsciente, eles vão necessariamente atuar, repetir, transbordar elementos inconscientes na relação com o bebê e depois com a criança.

É bom lembrar que a primeira menção a isso foi feita por Freud. Não lembro mais onde li que o supereu se constitui não sobre o modelo dos pais, mas do supereu dos pais. Depois disso, muitos outros autores foram dando importância ao inconsciente dos pais na constituição do psiquismo da criança.

Então, para diferenciar os elementos em torno dos quais vão se constituir os núcleos neuróticos e não neuróticos, usei o termo elemento-beta, de Bion.

O que seriam esses elementos?

Seriam, justamente, elementos ligados ao inconsciente recalcado e ao inconsciente clivado. Já tivemos essa conversa naquele nosso primeiro ciclo de diálogos (Minerbo, 2016b). O tema era transferência, lembra-se?

Sim, eu me lembro bem. Você também fala disso no seu livro Transferência e contratransferência *(Minerbo, 2012).*

Então, o inconsciente "emite" elementos em estado bruto, não digeridos, não integrados, e que, por isso mesmo, tendem a ser atuados.

Parece até que você está falando de elementos radioativos, invisíveis a olho nu.

Ótima imagem! Obrigada. É isso mesmo. Só que aí eu dei mais um passo: conforme o tipo de inconsciente – recalcado ou clivado –, acredito poder discriminar dois tipos de elementos-beta:

- eróticos, ligados ao Édipo inconsciente das figuras parentais, em torno dos quais se origina o núcleo neurótico (inconsciente recalcado);

- tanáticos, ligados às questões narcísicas inconscientes das figuras parentais, em torno dos quais se origina o núcleo não neurótico (inconsciente clivado).

Ah, muito útil esse resumo. Estou vendo que você pensa em termos transgeracionais. É uma ideia original sua?

Sua pergunta é importante, porque vamos conversar muito sobre isso (ver Capítulo 4). Inclusive, aquele meu texto sobre a constituição do supereu cruel (Minerbo, 2015) está inteiramente baseado nessa noção.

Quando eu pensei em termos de elementos-beta eróticos e tanáticos projetados pelas figuras parentais para dentro da mente em formação, precisei dar um nome para o que eu via na clínica.

Depois entrei em contato com ideias muito próximas a essas que já tinham sido desenvolvidas por outros autores. Ferenczi (1990), com seu *Diário clínico*, certamente foi o pioneiro. Quando li o livro *Le transitionnel, le sexuel et la réflexivité*, de Roussillon (2008c), uma frase me remeteu às minhas intuições sobre os elementos-beta tanáticos – que eu havia proposto em 2010 (ver Capítulo 1). Roussillon diz que, na clínica da pulsão de morte, pouco se estudou sobre os efeitos dos aspectos assassinos do objeto primário na psique em formação. E acrescenta que isso configura todo um campo teórico-clínico a ser explorado. É o que eu tenho feito desde então.

Em 2010, um amigo meu, Alexandre Maduenho, defendeu na USP sua tese de doutorado, intitulada *Nos limites da transferência: dimensões do intransferível para a psicanálise contemporânea* (Maduenho, 2010). Ele me remeteu a um conceito desenvolvido por Bollas em seu livro *Hysteria* chamado "interjetos". Na página 83 do seu doutorado, Alexandre explica que o interjeto é "um objeto instalado no *self* infantil pela ação de um outro" e funciona como uma possessão do espaço psíquico da criança. Ele também mostra que esse conceito faz fronteira, mas não se superpõe, a conceitos como o de significantes enigmáticos, de Laplanche, e de elementos-beta, de Bion.

Ou seja, você não está sozinha nas suas observações! É interessante ver como vários autores, partindo de perspectivas teóricas diferentes, observam os mesmos fenômenos na clínica. E cada um acaba dando um nome...

Voltando à clínica: você comentou que uma paciente a deixava intrigada porque ora aparecia material de colorido mais edipiano, ora mais narcísico.

Vamos lá. Era uma jovem estilista cuja mãe representa uma grife de luxo no Brasil. Ela completou seus estudos no exterior e parece bastante talentosa. Recentemente, conseguiu um estágio num ateliê de moda. Muitas das nossas sessões têm como tema a "luta de egos" dos fashionistas. Vou começar com dois fragmentos que se referem ao sofrimento narcísico.

Situação 1: a analisanda me conta que foi, toda animada, mostrar à mãe uma produção do seu ateliê. A resposta foi um balde de água fria: a mãe apontou uma série de defeitos naquilo que estava mostrando, e completou dizendo que a grife dela, mãe, é mais classuda. A analisanda associa com o filme *Sonata de outono*, em que a mãe, pianista famosa, tinha de ser o centro das atenções.

Situação 2: a analisanda está preocupada com o ateliê. As duas sócias não param de brigar. Uma faz de tudo para pôr a outra para baixo. Desse jeito, diz a paciente, ninguém vai para lugar nenhum e o ateliê vai afundar.

Na situação 1, me chamou a atenção que o filme Sonata de outono *foi uma associação à sensação de balde de água fria ligada à resposta da mãe.*

A mãe retratada nesse filme é muito narcísica, o que prejudicou demais a vida das filhas.

E por que será que a mãe teve de introduzir uma comparação entre elas? "Minha grife é mais classuda, a sua está cheia de defeitos."

Essa é uma boa pergunta. Dá a impressão de que a mãe rivaliza com a filha. Para se sentir por cima, precisa colocá-la para baixo.

Mas não é a filha que rivaliza com a mãe?

Numa situação de rivalidade edipiana, sim. A menininha rivaliza com a mãe pelo amor do pai. Mas o material não faz referência a nenhuma triangulação. A rivalidade é do tipo narcísica, "quem vale e quem não vale". A lógica é do tipo "ou/ou": se uma tem valor, a outra não tem.

Vejo que é bem isso mesmo. Mas não consigo entender como isso pode acontecer.

Para entender como uma mãe pode ter inveja da filha, é preciso adotar uma perspectiva transgeracional. Mas veja só: não é a mãe, mas a criança-na-mãe que rivaliza com a filha. E a filha está sendo confundida com a própria mãe.

A mãe põe a filha para baixo, mas ela faz isso inconscientemente. É a criança-nela que está agindo.

Isso mesmo. Se a mãe não elaborou a rivalidade narcísica com sua própria *imago* materna, esses restos permanecem ativos como corpos estranhos incorporados, mas não integrados. Mais do que recalcados – caso em que teria havido alguma simbolização dessa rivalidade – tais restos estão clivados, inacessíveis, fora da corrente de sua vida psíquica.

Adotar a perspectiva transgeracional, então, significa analisar as maneiras pelas quais o psiquismo das figuras parentais – especialmente aquilo que não foi elaborado – vai afetar a constituição do psiquismo da geração seguinte. No caso, a filha.

Exatamente. A hipótese aqui é de que a mãe atua esses afetos não simbolizados em qualquer relação atual que evoque, de algum jeito, essa *imago* materna – inclusive com a própria filha. Deve rivalizar também com as amigas.

Quando a criança-na-mãe confunde a filha com sua própria imago *materna invejada, poderá invejar e atacar a filha.*

É por isso que, quando a filha tenta exibir alguma potência narcísica, a mãe é tomada por um impulso irrefreável – é mais forte que ela! – e precisa urgentemente desqualificá-la.

Em outros termos, a mãe atua, há uma descarga da pulsionalidade não ligada: "a minha grife é mais classuda do que a sua". É mesmo um balde de água fria. Ou, para usar o seu termo, é um elemento psíquico radioativo relativamente invisível a olho nu, mas que vai ter efeitos prejudiciais!

Será que vem daí aquela ideia tão comum de culpabilizar os pais pelos problemas emocionais dos filhos? Pela sua explicação, fica bem claro que tudo se dá em uma dimensão inconsciente, e por isso não faz o menor sentido culpar a mãe. Ela mesma não teve condições emocionais de metabolizar suas questões narcísicas... e acaba projetando na filha, mas sem qualquer intenção consciente de prejudicá-la.

Concordo com você. Ideias psicanalíticas não compreendidas podem levar a uma leitura equivocada e simplista, que tende a culpar os pais, quando na verdade não tem a ver com culpa ou intencionalidade.

Sim... ao mesmo tempo, precisamos olhar para essa radioatividade que "sobra" para os filhos, se quisermos entender o que está se passando, não é?

Claro! Infelizmente, os filhos podem muito bem ser suporte da transferência negativa de seus pais. Na situação 1, a paciente sente o balde de água fria – são os elementos-beta –, mas não consegue saber exatamente de onde vem. E isso não tem a ver só com aquela situação específica. O material pode ser escutado também como representação do trauma precoce. E, como todo traumatismo, estará submetido ao regime da compulsão à repetição. Tanto que a situação 2 ilustra a guerra interminável entre dois narcisismos, em prejuízo do crescimento de ambos ("ninguém vai para lugar nenhum e o ateliê vai afundar").

Então, pelo que entendi, a situação é traumática porque a figura materna, que deveria ajudar a metabolizar experiências tóxicas, é a própria fonte da toxicidade!

Exatamente isso. A carga tóxica de elementos-beta é traumática porque o psiquismo em formação não tem condições de simbolizar – ou simboliza parcialmente – 1) que se trata de um ataque; 2) que está sendo atacado no lugar de outro objeto; e 3) que o motivo do ataque é a rivalidade narcísica. A analisanda descreve muitas circunstâncias cotidianas semelhantes às apresentadas nas situações 1 e 2, o que entendo como uma reapresentação da zona de traumatismo em busca de elaboração.

Mas agora fiquei um pouco confusa. Pelo que me lembro de minhas leituras de Freud (1920/2010e), a compulsão à repetição tem a ver com a pulsão de morte... e você disse que essa repetição – ou reapresentação – é uma tentativa de elaboração da situação traumática. Como entender isso?

Rá! Você não deixa passar nada, hein? [risos]. A repetição pode ter dois destinos.

- pode ser mais do mesmo, cegamente, até o "ateliê afundar";

- mas também existe a possibilidade de se recolocar em jogo na situação analítica a "guerra entre narcisismos" – o do paciente e o do analista. Será necessário reconhecer como cada um se sente ameaçado pelo outro em seu narcisismo. É possível encontrar uma saída simbolizante. Mas, como diz Freud (1914/2010c) em *Recordar, repetir e elaborar*, é indispensável passar pela repetição, tomando cuidado para que, enquanto isso, o ateliê analítico não afunde.

Então quando se atualiza, e pode ser escutada/vivida no "ateliê analítico", mesmo a repetição ligada à pulsão de morte pode ter um destino "de vida", digamos assim, rumo à elaboração... muito interessante! Mas, voltando ao nosso assunto, falávamos da evacuação dos elementos-beta por parte do objeto primário. O que acontece quando esses elementos-beta "atingem" o psiquismo em formação? Como esse psiquismo lida com isso?

Como veremos, eles serão alojados pelo psiquismo em formação, que precisará fazer alguma coisa com eles. Não quero me desviar do assunto de hoje, mas em outras conversas (Capítulos 3 e 4) veremos que, ao receber esses elementos-beta, o psiquismo vai usar duas defesas primárias: a clivagem e a identificação com o agressor (Roussillon, 2012/2013).

Identificação com o agressor? Um termo cunhado por Ferenczi e Anna Freud? Faz tempo que não ouço falar disso.

Outro nome é identificação narcísica, porque é constitutiva do narcisismo primário – as fundações do eu. Mas eu gosto muito do termo identificação com o agressor.

Primeiro, porque é singelo e intuitivo, contanto que se mantenha em mente que a tal "agressão" é totalmente inconsciente e invisível a olho nu.

Segundo, porque permite uma diferenciação clara em relação a outros tipos de identificação: as histéricas. Vamos falar delas mais pra frente, quando eu trouxer as situações clínicas 3 e 4.

Como você verá, a diferença é a seguinte: as identificações histéricas se formam a partir do desejo do objeto...

... enquanto as outras, a partir de uma guerra entre narcisismos.

Excelente!

Voltando à clivagem e à identificação com o agressor: graças a essas duas defesas primárias, é possível tocar a vida em frente, mas essa nova organização irá cobrar seu preço em termos de sofrimento psíquico.

Ok, mas, por enquanto, quero saber um pouco mais sobre essa história de evacuar elementos-beta no psiquismo em formação. É uma ideia nova para mim. Como você pensou nisso?

Foi a partir da ideia de "significantes enigmáticos" de Laplanche (1987). São elementos que dizem respeito à sexualidade inconsciente do psiquismo parental, e que serão implantados no psiquismo em formação. Simplificando muito, é assim que ele concebe o "nascimento" da sexualidade infantil, com suas singularidades.

Cardoso (2002), uma estudiosa de Laplanche, reconheceu, além da implantação, uma outra situação, que foi a que me interessou: a "intromissão" das mensagens enigmáticas do outro. A intromissão seria a vertente *violenta* da implantação. O balde de água fria. Essa violência é desorganizadora do narcisismo da criança. Por isso eu gosto de pensar em termos de *moções pulsionais tanáticas*.

Por que caracterizar as moções pulsionais de "tanáticas"?

O termo "tanático" me parece apropriado porque *o adulto defende o próprio narcisismo atacando o narcisismo da criança*, como vemos na situação 1. "Ou minha grife, ou a sua." Como já disse, a rivalidade narcísica implica que apenas um pode ter valor. Apenas um pode viver. O outro é anulado, não tem o direito de existir.

É uma sacada genial. Então o elemento-beta é tanático porque é mesmo um ataque ao narcisismo de vida da criança.

Como o psiquismo materno não é capaz de conter/transformar sua inveja – que é o termo popular para rivalidade narcísica –, caberá ao da filha se organizar/desorganizar para alojar os elementos tanáticos nela evacuados.

Em vez de funcionarem como o grão de areia que mobiliza o potencial criativo da pérola, como diz Laplanche, as mensagens tanáticas funcionam como um corpo estranho que destrói a ostra, isto é, *desorganiza um setor do narcisismo primário*. O que foi clivado no objeto primário continuará clivado no psiquismo em formação.

Como assim, clivado no psiquismo em formação?

O balde de água fria que a mãe joga na filha não faz sentido para ela. Quando se repete sistematicamente, é o que chamamos de traumático. As mensagens tanáticas não podem ser metabolizadas. Ficam clivadas também na filha!

Entendi: os núcleos não neuróticos são uma espécie de cicatriz deixada pela desorganização do narcisismo primário, e pela ação das defesas que ajudaram a pessoa a tocar em frente.

E o pai? Onde ele entra?

As coisas são bem diferentes quando um terceiro objeto intercede interceptando, ou significando, os ataques tanáticos. Alguém que estivesse presente na cena poderia dizer: "sua mãe está com inveja, eu a conheço, ela sempre precisa ser a mais bacana em tudo". E para a mãe: "deixe a menina em paz, não está vendo que a proposta da grife dela é outra, para um público mais jovem, mais irreverente?".

E o que acontece quando não há o terceiro na cena – imagino que seja algo que se repete cotidianamente – de ataque ao narcisismo da criança?

Então o sujeito não terá alternativa a não ser alojar os elementos-beta tanáticos que o psiquismo parental não foi capaz de conter dentro de si.

Legal, acho que estou acompanhando bem.

Gostaria de voltar à outra defesa que você mencionou, a identificação com o agressor.

A psique em formação responde ao ataque ("minha grife é mais classuda do que a sua") por meio de uma identificação primária com o não simbolizado materno. Na verdade, são identificações complementares entre o agressor e o agredido.

Ah, então aquela "luta de egos" descrita na situação 2 se refere a essas identificações complementares? No ateliê, cada sócia se sente ameaçada pela outra, e vice-versa. Se alguma delas fizer algo bacana, desperta inveja na outra. Agora fica evidente: se cada ideia boa for atacada, o ateliê só pode afundar.

Puxa, com tudo isso, desconstruir essa identificação parece ser das coisas mais difíceis de serem feitas em análise.

De fato, não é simples. Emmanuelle Chervet (2017) escreveu um texto no qual propõe que o trabalho analítico seja conduzido em duas vertentes finamente articuladas.

A primeira é o trabalho de simbolização, de construção de representações que enriquecem o espaço do pré-consciente. Então, veja: a paciente fala da luta de egos no ateliê. É um material a ser trabalhado: como é a luta, egos de quem, por que será que isso acontece etc. Essa historinha é preciosa em termos de representação do trauma precoce. Ela vai conduzir a novas associações, igualmente preciosas. O analista vai dando corda, vai conduzindo o trabalho de simbolização que está em curso.

Só que lá pelas tantas, a transferência estoura do colo da analista.

Como você sabe quando isso acontece?

Porque o clima muda. Há uma tensão no ar. A contratransferência negativa acusa a atualização da transferência no aqui e agora. A segunda vertente do trabalho analítico é com as identificações.

Como seria isso no caso da nossa paciente?

Vamos falar disso mais tarde, com calma. Mas só para não deixar de lhe dar uma resposta, o que acontece é que de repente as duas vertentes se juntam na cabeça do analista. Ele se dá conta de que a luta de egos é lá, na análise, e que o ateliê que vai afundar também é lá. Então é chegado o momento de trabalhar não só com as representações, mas também com as identificações; não só com o que se atualiza na/pela linguagem, por meio das historinhas, mas também com a transferência colocada em ato que se atualiza no aqui e agora.

É aí que entra o manejo?

Exatamente. Quando as identificações se atualizam no aqui e agora, o analista certamente estará identificado com um aspecto da figura parental. Então, primeiro o analista vai precisar se desidentificar da figura que está encarnando na transferência. Sem isso o paciente não consegue mudar de posição subjetiva.

Bem complexo, tudo isso!

Logo, logo, vou lhe explicar tudo isso em detalhes usando o material clínico. Vou lhe dar um passo a passo! [risos]

Por enquanto, eu queria lembrar que Mannoni (1987) diz que não se pode interpretar uma identificação; ela "cai", ela "caduca", quando se torna consciente por outros caminhos. No exemplo que ele dá, o analisando se torna consciente de uma identificação quando se percebe fazendo os mesmos gestos que sua mãe.

Agora, de acordo com Freud (1914/2010c) em *Recordar, repetir e elaborar*, o caminho para interromper a repetição produzida por uma identificação é o manejo da transferência.

E o que seria exatamente esse manejo?

Vamos por partes... Para entendermos o manejo, precisamos, antes de tudo, compreender a oposição, já apontada por Freud no texto de 1914, entre repetir e recordar, e como ela se dá na clínica. A repetição estaria no plano do ato, da ação, enquanto a recordação estaria mais no plano da representação, da possibilidade de simbolizar.

Faz sentido...

Donnet (2005), no entanto, faz uma crítica a esse texto de 1914: a oposição repetir/recordar sugerida por Freud, que se traduz como oposição agir/representar, não corresponderia ao que se vê na clínica. Para Donnet, não se trata de uma oposição em tudo ou nada, pois agir e representar se apresentam num *gradiente*: há falas que "fazem" mais do que "dizem", e vice-versa. Ou seja: há falas que são mais atos do que representações, e vice-versa.

Hum. Achei bem complexo tudo isso. Não sei se entendo essa diferença entre a palavra que "representa" e a palavra que "faz".

É difícil mesmo, e até analistas experientes podem ter dificuldades! Quanto menos simbolizado aquilo que se repete na situação analítica, maior o valor de ação de sua fala. E aqui entra a sutileza da escuta analítica e do manejo da transferência, pois, nesse caso, não adianta o analista responder ao analisando com uma fala que "diz", isto é, com uma interpretação simbólica, ou transferencial, pois o analisando a ouvirá como uma fala que "faz".

Será preciso responder com uma fala cujo gradiente de ação seja compatível com o da fala do analisando. Fazer alguma coisa falando. É isso que entendo por manejo da transferência.

É estranho. "Fazer alguma coisa falando"...

Daqui a pouco você vai entender melhor o manejo usado para desarmar um pouco a rivalidade narcísica e criar, na transferência, uma nova possibilidade.

Um outro caminho para pensarmos nesse manejo seria a partir de Roussillon (2008a). Para ele, também ato e representação não se opõem. Muitas vezes o ato é o apoio necessário para a simbolização. Basta ver o brincar das crianças. Você certamente conhece o jogo do carretel,[1] não é? É ato, mas é apoio para a simbolização

---

1   O jogo do carretel foi assunto em uma conversa que AnaLisa e eu tivemos sobre

da ausência da mãe. Enfim, o importante é que, para Roussillon, o paciente coloca em jogo suas questões – no caso da nossa paciente, a rivalidade narcísica. E aí o analista não interpreta; como no jogo do rabisco, ele *responde* aos movimentos do paciente. Com isso, criam-se condições para que a repetição no "modo" idêntico seja transformada em repetição "no modo" criativo.

Então tudo começa com a repetição.

Sim, com a *compulsão à repetição*. Voltando à nossa analisanda: na situação 2, quando ela descreve a "luta de egos", acrescenta que não entende por que as sócias preferem ver o barco afundar a colaborar para o bem de todos. Esse material tematiza o núcleo não neurótico, mas não o atualiza no aqui e agora do encontro analítico. O problema é que essa atualização – sem a qual não há mudança psíquica – se dá na dimensão não verbal da comunicação. É nela que se expressam os aspectos tanáticos que originaram esse núcleo.

Está na hora do passo a passo que você me prometeu? [Risos]

Sim. Temos notícias desses elementos tanáticos em nossa própria subjetividade. Mais precisamente, no tipo de resposta contratransferencial que dada situação clínica nos suscita. No caso dessa paciente, e em função da problemática que ela precisa elaborar, ela vai fazer o nosso narcisismo sofrer.

Quer dizer: a gente vai sentir que levou um balde de água fria.

Ou mesmo um "tranco", que é até mais forte do que o balde de água fria. Ela está repetindo – transferindo – para a situação

---

o funk "Que tiro foi esse?". Remeto o leitor a essa crônica, à p. 257, para uma explicação mais detalhada.

analítica as identificações com o agressor que estão clivadas. Estamos sendo colocados no lugar da criança-nela. Estamos sofrendo aquilo que a criança-nela sofreu, mas não conseguiu reconhecer, identificar. É nosso trabalho. Fomos contratados para isso...

Imagino que até o analista perceber que é disso que se trata, pode ficar irritado, ou então desanimado...

Sim, até cair a ficha pode levar bastante tempo. Enquanto isso, o narcisismo do analista sofre, ele se vê desalojado de sua condição habitual de escuta, e com uma dificuldade persistente para recuperá-la.

Puxa! Entendi e faz todo sentido. E é justamente essa resposta contratransferencial que indica a repetição dos aspectos tanáticos.

Exato. Instala-se na transferência uma situação de confusão sujeito-objeto. Porque, se ele está mesmo aberto para ser uma caixa de ressonância do psiquismo do paciente, o analista vai "ser" algum personagem do mundo interno dele.

Grosseiramente falando: o analista vai se confundir com uma figura interna do paciente, da mesma maneira que o paciente se confundiu com sua figura parental. Ou seja, perde-se temporariamente, e de forma circunscrita, a separação analista/analisando.

Não há como evitar isso?

Isso tem de acontecer, já que o núcleo não neurótico é precisamente um setor em que a separação sujeito-objeto não se deu. Lembra que ele se constitui exatamente porque não havia um terceiro que pudesse se interpor entre os elementos tanáticos maternos e a criança? Pois o que aconteceu é que o psiquismo da criança continuou funcionando como parte do materno. E vice-versa.

Mas como isso aparece na relação entre o analista e o analisando?

Na situação clínica, a confusão sujeito-objeto se manifesta de duas maneiras:

- ou o analista se identifica com o aspecto traumatizante do objeto, e mais cedo ou mais tarde será levado a dar "interpretações de água fria" no paciente;

- ou se identifica com a criança traumatizada, caso em que é a vez do analista sentir a água fria no subtexto da sessão.

Isso me parece uma espécie de obstáculo para a continuidade da análise...

Você tem razão. Tanto é assim que esse *campo transferencial-contratransferencial negativo pode se cristalizar*. Durante um tempo, cada um sentirá a necessidade de defender seu narcisismo da ameaça representada pelo outro (situações 1 e 2). Estará instalada a repetição idêntica à que originou aquele núcleo não neurótico.

Imagino que será preciso sair desse impasse.

Isso mesmo. A possibilidade de sair da repetição passa pela elaboração da contratransferência.

Agora é que eu quero ver!

Então escute:

Primeiro: preciso reconhecer que estou me sentindo ameaçada em meu narcisismo por essa paciente.

Segundo: preciso perceber que estou usando as interpretações para me defender dessa ameaça. E que isso é bem parecido com o conteúdo das historinhas que aparecem no material clínico.

Terceiro: preciso lembrar de que tudo isso é comigo, e ao mesmo tempo não é comigo.

Quarto: eu me separo psiquicamente dos objetos internos da paciente. E com isso recupero meu lugar de analista. Recupero também minha condição de escuta e de interpretação.

Pelo visto, é crucial que o analista possa fazer esse trabalho de elaboração; e que consiga se descolar do lugar em que foi "colado" pela atualização transferencial do núcleo não neurótico.

É realmente fundamental. Por isso, vou repetir: elaborar a contratransferência é encontrar os meios para "se separar do analisando" naquele setor em que ambos estavam misturados por efeito da repetição do núcleo não neurótico, isto é, do não simbolizado tanático. Quando o núcleo psicótico é poderoso, isso pode exigir a intervenção de um terceiro. Um colega ou supervisor.

Deve ser um alívio, do ponto de vista da contratransferência, quando o analista consegue se diferenciar das figuras internas do paciente.

Total! É um alívio recuperar o lugar de analista. É um alívio quando conseguimos encontrar caminhos para transformar a repetição estéril em repetição criativa. É aí que entra o manejo.

Mas como seria isso, na prática?

Vamos precisar oferecer as condições para que o analisando faça a experiência que nunca pôde ser feita: rivalizar narcisicamente com o objeto primário sem sofrer retaliações. É o que Winnicott (1968) chama de "uso do objeto": usar o objeto para atender às próprias necessidades narcísicas sem precisar se preocupar com ele. Amar o objeto de forma impiedosa. Isso precisa acontecer de forma suficiente para que seja possível começar a interpretar no sentido mais clássico do termo.

Eu já sabia que, enquanto analistas, nossas subjetividades são parte fundamental do processo analítico de nossos pacientes. Mas não tinha noção de que estávamos assim tão implicadas! Acho que vou aumentar a frequência das supervisões... [Risos]

[Risos] No caso da paciente estilista, a coisa aconteceu mais ou menos assim: eu dizia alguma coisa e, batata!: a analisanda apontava os "defeitos" e corrigia o que eu tinha dito. Isso era sistemático. Quando apontei esse padrão ela disse que só estava tentando colaborar. Embora o conteúdo da fala dela até tivesse a ver, ela falava de um jeito, com um tom, que produzia em mim a sensação de estar sendo desqualificada, diminuída. Sofrimento narcísico meu. Em resposta, eu me sentia tentada a reafirmar meu ponto de vista, opondo-me a ela. Aí era a vez de ela se sentir desqualificada e diminuída. Sofrimento narcísico da paciente.

Ou seja, o campo transferencial-contratransferencial criado com a colaboração das duas adoeceu e se cristalizou: era a repetição, ou atualização, do núcleo não neurótico. Tudo isso fica muito claro quando você expõe o exemplo clínico.

Sim. E por mais experiente que seja o analista, é só nesse plano de "afetação mútua" (Kupermann, 2008), ligado à abolição momentânea das fronteiras entre sujeito e objeto, que se pode construir um conhecimento psicanalítico. Claro que há o risco da abolição das fronteiras se perpetuar. Mas há o risco oposto: de o analista se defender e se recusar a passar por esse processo de "afetação mútua".

No caso, seria você não conseguir reconhecer que, quando a paciente corrige suas interpretações de forma sistemática, seu narcisismo sofre.

Viu como você não precisa aumentar a frequência das supervisões? [Risos]

Pois entendeu perfeitamente que o campo transferencial-contratransferencial adoece temporariamente porque reproduz os mesmos mecanismos que levaram à constituição do núcleo psicótico (ilustrados nas situações 1 e 2). Eu precisei trocar umas ideias com meus colegas para elaborar minha contratransferência negativa.

E o que mudou no seu jeito de conduzir o caso? Como foi o manejo?

Que bom que você perguntou! Falei tanto da constituição e da repetição do núcleo não neurótico que já ia esquecendo de falar do manejo! Lá atrás eu tinha dito que, diante da repetição de um núcleo não neurótico, o analista "faz alguma coisa falando". Você achou estranho, e com razão.

E então? O que você fez-falando?

Primeiro, precisei entender que o tranco tinha a ver com o pavor de que eu repetisse algo insuportável para ela: que eu – como a mãe – fizesse questão de "brilhar sozinha". Descobri que ela me via como alguém – a mãe – que precisava que minha "grife" – minhas interpretações – fosse melhor que a dela. No fundo, o que ela precisava desesperadamente era ter vez, ou melhor, ter voz. Era isso que eu não conseguia ouvir antes, só conseguia ficar irritada com o "tranco".

Muito interessante! Nessa hora você recuperou sua condição de escuta analítica! Passou a escutar as "correções-tranco" em outra chave!

Exatamente! E, graças a isso, consegui mudar de posição subjetiva no campo transferencial-contratransferencial.

Peraí. Quem tem de mudar não é o paciente?

É, mas, para isso, o analista tem de mudar primeiro. Nesse caso, mudar de posição subjetiva foi conseguir dar um novo significado às "correções" sistemáticas que seguiam qualquer fala minha. Levou um tempo para que eu conseguisse ver os trancos como tentativas de colaborar comigo, e não de me desqualificar.

Ah, isso muda tudo!

Muda mesmo. Pois comecei a incorporar as "sugestões" dela nas interpretações. Abrir espaço para a grife dela. Em cada sessão eu procurava maneiras de incluir o que ela tinha dito, e fiz isso durante algum tempo. E cada vez de um jeito, conforme o material, mas sempre a mesma estratégia. Esse foi o manejo. Percebe que essas intervenções não eram propriamente interpretações?

Percebo bem a diferença entre interpretação e manejo. E o que aconteceu depois disso?

Aconteceu que depois de algum tempo o campo da rivalidade narcísica se atenuou bastante. Não havia mais tantos "trancos". Ela relaxou porque eu não a impedia de ter voz. Relaxou porque eu não só permitia como também acolhia o que vinha dela.

Ela deve ter sentido que, afinal, você não fazia questão de brilhar sozinha.

Isso! Eu não precisava afirmar que minha grife era melhor que a dela! Ao contrário de seu objeto interno, eu podia suportar, e até curtir, que ela também brilhasse, sem me sentir ameaçada em meu narcisismo. Isso era algo novo para ela.

Entendo. Essa nova possibilidade estava sendo construída no campo transferencial-contratransferencial.

Você se lembra que na situação 2 cada sócia atacava as ideias criativas que a outra tinha, e o ateliê estava afundando. Aqui eu passei a valorizar as "ideias criativas" da paciente, e o ateliê analítico começou a funcionar melhor.

Ufa, quanta coisa para digerir! Podemos fazer uma pausa e tomar um café?

Ótima ideia.

* * *

No começo da nossa conversa, falamos sobre a constituição dos núcleos não neuróticos, que se dá justamente quando o psiquismo em formação aloja em si esses elementos-beta tanáticos evacuados pelo objeto primário. Seria interessante falarmos também sobre a constituição dos núcleos neuróticos.

Sim. E também sobre como eles se repetem e serão manejados/interpretados na clínica.

Então. Logo no começo da conversa eu propus a hipótese de que os núcleos neuróticos se constituem a partir de elementos-

-beta *eróticos* evacuados pela figura parental. Quero apresentar mais duas situações clínicas da mesma analisanda para discutir essas ideias.

Na situação 3, a analisanda conta que sua prima se encaminhava para a carreira diplomática, como o pai, com quem tinha um relacionamento muito próximo. Durante o curso, conheceu um rapaz. Apaixonaram-se e pretendiam se casar. De repente ele veio com uma condição: ela deveria abrir mão da carreira. Ela desistiu de casar. Atualmente está trabalhando numa embaixada na Europa.

Na situação 4, há vários relatos de como a analisanda queria mostrar para o pai que, apesar de mulher, ela tinha competência de sobra para ser o braço direito dele no trabalho. Parecia, de fato, muito mais apta que o irmão. Finalmente o pai topou e começaram a trabalhar juntos. Só que aí ele começou a tratá-la mal, criticando tudo. De uma hora para outra a relação entre eles, que era muito boa, mudou. Ela ficou muito magoada, humilhada, e não entendeu nada.

Já escuto ecos da cena edípica em ambas as situações. Estou certa?

Está certa, sim. A situação 3 mostra que a analisanda inicia a travessia edipiana, mas não consegue concluí-la. Conhece um rapaz que é como o pai, mas não é o pai. Até aí, ok. Só que, de repente, o noivo apaixonado vira um objeto "do mal": exige que ela pare de trabalhar. Não é algo bacana, do tipo: "você para de trabalhar e a gente faz outras coisas juntos, como parceiros". A castração aqui é brutal, da ordem de uma mutilação: "você vai parar de trabalhar para ficar em casa, só eu posso trabalhar".

Puxa, isso evoca a figura materna invejosa, que precisava brilhar sozinha e jogava um balde de água fria na filha! Imagino que, ao ouvir isso do noivo, foi exatamente como ela se sentiu.

Muito bem observado. Pois é por isso mesmo que ela encalha na travessia edipiana. A *imago* materna do mal se intromete no Édipo. Ou, dito de outra forma: a paciente vai atravessar o Édipo trazendo em sua bagagem psíquica a *imago* materna que já tivemos o prazer de conhecer.

Ok, mas não identifico nessas passagens a repetição do núcleo neurótico.

Você tem razão. Esse material não ilustra a repetição "pura" de um núcleo neurótico. Aliás, talvez isso nem exista! Aqui vemos como se dá a superposição de núcleos não neuróticos e neuróticos na constituição da histeria. Acompanhe comigo: a saída normal do Édipo está bloqueada porque características tanáticas do objeto primário impregnam o objeto edipiano (situação 3). É um ataque invejoso ao potencial dela. O noivo, que poderia ajudar a moça a realizar projetos relacionados ao seu ideal fálico – ser diplomata –, ataca seu narcisismo como na situação 1, e boicota seus projetos como na situação 2. Estamos aqui diante do impasse edipiano por conta de características da figura materna. Como veremos na situação 4, a figura paterna também não ajudou.

Eita! E não é que você tem razão? A problemática edípica está "impregnada" pelos núcleos não neuróticos, relacionados à imago *materna/objeto primário que evacua elementos-beta tanáticos.*

E a situação 4, por sua vez, traz uma figura paterna que se defende da sedução da menininha edipiana. Aceita a filha como braço direito e, de repente, do nada, começa a tratá-la mal. Esse material será usado para desenvolver a hipótese de que o núcleo neurótico se constitui como resposta do psiquismo – que está em plena travessia edipiana – aos elementos-beta eróticos evacuados por essa figura.

Então, apenas retomando para eu não me perder: vimos que os núcleos não neuróticos têm sua origem nos objetos-beta tanáticos não simbolizados pelo objeto primário, que são então evacuados e alojados pelo/no psiquismo em formação. Agora estamos vendo que os núcleos neuróticos, por sua vez, têm sua origem nos elementos-beta eróticos não simbolizados e evacuados pelas figuras parentais, e alojados pelo psiquismo que está se constituindo.

Isso. A mesma perspectiva transgeracional que usamos para entender os núcleos não neuróticos vale agora para os núcleos neuróticos.

A brutalidade inesperada e incompreensível que aparece na situação 4 pode ser compreendida como *atuação* de elementos recalcados e não elaborados do Édipo do pai. É o que estou chamando de elementos-beta eróticos: restos não simbolizados do amor do pai com relação a seus próprios objetos edipianos – e que determinam a repetição neurótica.

Entendo. Interessante. Então o chega pra lá que ele dá nela é uma atuação. Eu não teria pensado nisso.

Isso porque a vivência atual com a filha (sentida como) sedutora entra em ressonância com uma situação do passado: o desejo incestuoso recalcado dirigido à *imago* materna do pai.

Se é que estou acompanhando você, a tentativa de sedução da filha "acorda" no presente a mesma angústia que motivou o recalque de seu Édipo no passado. E é por isso que, angustiado, o pai atua o recalcado repudiando-a com violência.

Uma correçãozinha: não é o pai que faz tudo isso, mas a criança-no-pai.

Assim como não era a mãe que tinha inveja da filha, mas a criança-na-mãe.

Isso mesmo. Atravessado por seu próprio Édipo infantil, o pai não consegue sustentar as tentativas de sedução da menininha; não consegue manter clara em seu horizonte a diferença entre gerações. Por isso, ele não pode "brincar de namorar" com a filha; ao contrário, quando a proximidade se torna excessiva – é o que acontece quando começam a trabalhar juntos –, ele é obrigado a dar um "chega pra lá" nela.

Pelo visto, essa situação de sedução pela filha acaba revelando a maneira como esse pai atravessou seu próprio complexo de Édipo... Isso faz sentido?

Sim, faz sentido. Como você bem notou, o chega pra lá com que o pai repudia os avanços da filha nos dá notícia tanto da intensidade de sua angústia de castração quanto dos elementos recalcados, e não completamente simbolizados, de sua sexualidade infantil – quer dizer, da criança-nele.

E por isso você os chamou de elementos-beta eróticos.

Isso mesmo. É realmente um prazer conversar com você!

Bom. Aí, como qualquer bom neurótico, ele se submete a seu supereu rígido. Este fica "assustado" com tanto amor e exige um distanciamento afetivo absoluto entre ele e a filha – confundida com a mãe edipiana. A filha sente um "chega pra lá", que é vivido como *enigmático*. Ela pressente que há um sentido que lhe escapa.

Qual poderia ser esse sentido?

Se a interdição edipiana estivesse suficientemente clara para o pai, ele não confundiria "trabalhar juntos" com "incesto". Mas ele confunde. O próprio fato de o pai atuar na relação com a filha mostra que ele confunde alhos com bugalhos. Isso é enigmático para ela, e para mim na escuta analítica. Enfim, tudo isso aponta para o que Roussillon (1999) chama de traumatismo secundário.

E é esse traumatismo secundário que dá origem aos núcleos neuróticos, correto?

Corretíssimo. Contanto que a gente entenda que o material relativo a "trabalhar juntos" é apenas uma representação atual da situação infantil incestuosa.

Se estivéssemos diante de uma travessia edípica suficientemente integrada, o pai sinalizaria de maneira clara, mas afetuosa, que há um limite para a intimidade entre eles. A filha não seria tão fortemente atravessada pelos elementos enigmáticos ligados à sexualidade infantil do pai.

Imagino que, com um enquadre interno claro e firme para ambos, eles não teriam tido tanta dificuldade em trabalhar juntos.

Você disse tudo: enquadre interno claro e firme.

Mas quando isso não é possível, o psiquismo infantil tem de alojar esses elementos-beta eróticos atuados pelo pai, configurando o trauma secundário. O eu tem, então, dois recursos eficientes para lidar com essa situação: o recalque das representações do desejo incestuoso e a constituição de identificações histéricas.

Ah, então é assim que começa a se constituir o núcleo neurótico!

É isso! O fracasso na travessia edipiana da figura paterna vai se transformar, na geração seguinte, em uma identificação histérica. É essa identificação que determina o desejo de ser objeto do desejo do pai.

Interessante. E quando falamos dos elementos-beta tanáticos, havia também dois recursos defensivos: a clivagem e a identificação com o agressor. Se for possível, um dia desses gostaria de conversar sobre essas ideias do Roussillon (Capítulo 3). Aqui, como se trata de elementos-beta eróticos, é o recalque e a identificação histérica.

Eu mesma não tinha percebido esse paralelo tão oportuno! Obrigada.

Vou aproveitar esse seu comentário para retomar uma ideia apresentada lá atrás, quando você me perguntou sobre a desidentificação.

O analista trabalha com o retorno do clivado e com o retorno do recalcado usando as historinhas que o paciente traz. Interpreta para tentar favorecer o trabalho de simbolização primária e secundária.

E trabalha com as identificações quando elas estouram no colo do analista. O nome correto é: quando há uma "atualização pulsional". O trabalho com as historinhas preparou esse momento, que agora está maduro. Aqui entra o manejo. Porque ele vai mudar de atitude e vai interpretar para favorecer o trabalho de desidentificação.

Já vimos o manejo da rivalidade narcísica do núcleo não neurótico.

Então agora vamos ver o manejo da situação edipiana do núcleo neurótico.

Vamos!

A paciente me propunha um tipo de diálogo cujo objetivo era abolir a assimetria analítica. Discorria, e queria minha opinião, sobre vários temas que, na verdade, eram bem interessantes. A demanda incestuosa tomava a forma de um diálogo estimulante – excitante – "de igual para igual".

Se o paciente for interessante, imagino que a tentação pode ser grande...

E era. Mas eu não posso simplesmente dar um chega pra lá nas tentativas de sedução. E também não posso corresponder totalmente às demandas de amor. Para conseguir navegar entre o risco de seduzir e o de repudiar, preciso tomar o caminho do meio. Por sorte, há bastante espaço, posso dizer muitas coisas, mas o essencial é não perder de vista a assimetria analítica. E olha que só isso já foi suficiente para a paciente se sentir rejeitada!

Coitada! Aposto que ela reclamou!

Mas é isto que queremos: que a transferência estoure no colo do analista! Ele vai ser xingado de tudo: insensível, rejeitador, sem consideração.

Foi preciso aguentar tudo isso. Concedi a ela que os temas propostos eram, de fato, interessantes. Mas tive que dizer que o que ela me pedia não cabia ali. E que não fazer o que ela tanto queria era um jeito de ter consideração por ela. Ao contrário de indiferença, era uma maneira de zelar pela análise. Mas eu podia entender que ela ficasse magoada comigo se sentisse minha posição como evidência de um amor não correspondido. Enfim, não exatamente isso, mas algo assim.

Ah, aqui você interpretou mesmo!

Note que estamos falando da atualização de um núcleo neurótico.

Eu sei, é completamente diferente da atualização do núcleo não neurótico.

Veja, eu precisei fazer das tripas coração para evitar corresponder e, com isso, seduzir a paciente. Para mim seria fácil e gratificante fazer o que ela pedia. Mas para ela seria excessivamente excitante, o que dificultaria a renúncia ao objeto de amor edipiano.

Entendo.

Ela ficou com raiva. Depois ficou triste. Infelizmente, é o único caminho para a desilusão amorosa, e para o luto que precisa ser feito.

E como a gente sabe que o processo de análise – a partir do manejo cuidadoso que você descreveu – está propiciando alguma espécie de transformação na analisanda?

Ela contou uma conversa com a prima em que esta descrevia cenas de sua relação com o pai. Não era apaixonada nem excitante, mas cheia de ternura. Entendo isso como uma nova representação da figura paterna, que já não se deixa intimidar por seu supereu.

Tem a ver com a posição paterna que você buscou ocupar na transferência, nem respondendo positivamente à sedução, mas também sem rejeitar a paciente.

Sim, por isso escuto esse material também como alusão à nova posição subjetiva construída na transferência.

Algum tempo depois, ela fala da reestruturação do ateliê. Ela foi efetivada. Uma das sócias saiu, e em seu lugar entrou um novo estilista. Ela se oferece para ser seu braço direito, mas ele lhe designa uma outra função, que ela julga "aquém de sua capacidade".

De novo a história de "ser o braço direito"?

É, mas dessa vez o desfecho foi outro. Ela se queixa com uma colega de trabalho, que gentilmente lhe diz: "calma, você acaba de ser efetivada, não dá para queimar etapas". Fiquei surpresa quando a analisanda me disse que a colega tinha razão. E que conseguiu escutar sem ficar chateada, porque ela tinha dito isso num tom afetivo e construtivo. Finaliza dizendo que, mesmo não sendo "aquele" cargo, tem muitos desafios e muita coisa para fazer.

Esse material fala de uma figura materna que cumpre sua função materna, em vez de rivalizar narcisicamente com a filha. E, talvez por isso mesmo, a filha aparece como podendo tolerar a renúncia e a exclusão edipianas.

Concordo. E acho que a nova figura materna facilita a aceitação da exclusão. Mas tem uma grande novidade: saindo da rivalidade narcísica, ela diz algo que tranquiliza a paciente: "não precisa queimar etapas, porque quando você crescer poderá ocupar o cargo que tanto deseja".

Puxa, uma conversa e tanto! Achei bem legal a proposta de usar a perspectiva transgeracional para, a partir da situação transferencial-contratransferencial, conseguir imaginar quais elementos inconscientes da geração anterior poderiam estar na origem dos núcleos neuróticos e não neuróticos.

As situações clínicas 1 e 2 me ajudaram a entender como o não simbolizado tanático das figuras parentais, evacuado e alojado pela psique em formação, está na origem de núcleos não neuróticos. E as situações 3 e 4 permitiram reconhecer como o não simbolizado erótico está na origem de núcleos neuróticos. Acho que agora tenho os instrumentos teóricos para conseguir diferenciar, na minha clínica, a atualização de cada núcleo e o manejo necessário em cada situação.

Marion, agora que já tenho uma boa noção do funcionamento neurótico e não neurótico, tenho uma proposta para nossa próxima conversa: quero saber como pensa um psicanalista, no calor da sessão e também fora dela. O que você acha?

Prometido, AnaLisa!

2. Como pensa um psicanalista?

Olá, AnaLisa, sobre o que você gostaria de conversar hoje?

Olá, Marion. Sempre me perguntei sobre como pensa um psicanalista. De que jeito ele pensa durante uma sessão – se é que cabe a palavra "pensar" – para interpretar? E como ele pensa sobre aquele processo, fora da sessão? Como se dá o trânsito entre teoria e clínica na cabeça dele? E na vida, como pensa um psicanalista?

Certamente é uma maneira de pensar diferente do senso comum. Na semana passada essa questão apareceu com mais força quando recebi para jantar um amigo que é artista plástico. Quando ele viu a mesa posta, me perguntou o que eu estava vendo ali. Respondi que estava vendo uma mesa com uma toalha, pratos e copos. Ele me explicou que via uma composição de cores e formas. Me mostrou a toalha rosa, que formava um fundo retangular, um suporte para os pratos brancos, um ao lado do outro, e os copos levemente esverdeados, que imprimiam um ritmo constante ao conjunto. Ou seja, para ele aquilo era uma instalação com harmonia e equilíbrio. E então eu entendi que um artista "pensa" esteticamente, tanto no ateliê como fora dele. Foi aí que me peguei mais curiosa sobre como seria o olhar de um psicanalista.

Além de muito bem colocada, sua questão é vital nos dias de hoje, em que a descoberta do inconsciente, que no começo foi escandalosa e revolucionária, sofreu um processo de domesticação. Às vezes tenho a impressão de que, inconscientemente [risos], o inconsciente foi banalizado pelos próprios analistas. Eu me pergunto: será que isso não estaria ameaçando o futuro da psicanálise, tanto quanto uma série de fatores externos que conhecemos bem? Enfim, você quer saber como pensa um psicanalista. Uma conversa sobre esse tema pode começar retomando os passos teórico-clínicos daquele que inventou a psicanálise.

Retomar a história é sempre um bom começo. Lembro que o que mais me marcou nas minhas primeiras leituras de Freud foi que um sintoma, por mais bizarro que seja, tem sempre um sentido. E que esse sentido não pode ser apreendido pela lógica do senso comum. Nem, como eu pensava, usando bom senso e intuição.

Eu também fiquei fascinada quando entendi que, para acessar o sentido do sintoma, Freud foi obrigado a postular a existência de uma outra lógica, de uma racionalidade totalmente *contraintuitiva*. E que, para ajudar suas pacientes histéricas, ele precisou se render ao fato de que a realidade psíquica, determinada pelo inconsciente, tem uma força que reveste e se sobrepõe à realidade comum. Você percebe que foi por absoluta necessidade clínica que ele postulou a existência de um inconsciente? Pois bem: na essência, é isso que fazemos sessão após sessão.

Voltando, então, à minha questão, "como pensa um psicanalista?", uma primeira resposta seria que, para ele, o sofrimento psíquico não pode ser entendido sem alguma referência ao inconsciente.

Ops! Inconsciente e transferência! O que foi *negativado* no passado e ficou inconsciente continua vivo, e será *positivado* no presente como transferência. Não dá para saber como foi o passado, mas podemos inferir pela transferência os pontos que precisaram ser negativados pelas defesas.

A transferência é outro capítulo difícil. Já tivemos boas conversas sobre isso (Minerbo, 2012; 2016b).

É um tema ao qual é preciso voltar sempre. Bem, depois, sobre essa pedra fundamental foi construído um impressionante edifício teórico-clínico. Formas de sofrimento psíquico cada vez mais complexas foram exigindo novas teorias, de modo que temos hoje um grande acervo de conhecimento sobre o funcionamento da mente.

Acho genial que, para falar do funcionamento da mente, Freud tenha ousado propor modelos para um aparelho psíquico – um aparelho da alma! – por analogia aos demais aparelhos do corpo humano: respiratório, digestivo...

A metapsicologia é exatamente isso: um conjunto de conceitos que nos permite imaginar uma espécie de "fisiologia" e de "fisiopatologia" de um aparelho psíquico que – é bom não esquecer! – não passa de uma construção teórica, ao contrário do aparelho digestivo.

E o interessante é que a compreensão do que seria um funcionamento psíquico normal nasce de hipóteses que têm como ponto de partida a psicopatologia.

Isso também é contraintuitivo, para usar o termo que introduzi há pouco. O fato é que, graças à metapsicologia, temos instrumentos teóricos para pensar a constituição do psiquismo, como ele se organiza e desorganiza, produzindo as formas de ser e de sofrer de cada um de nós.

Ou seja: a metapsicologia é imprescindível para pensar a clínica. Mas há autores que não se referem à metapsicologia freudiana.

Bem lembrado! Depois de Freud, vários autores propuseram outras maneiras de entender o funcionamento psíquico inconsciente. Trabalharam com outras metapsicologias. Criaram outros termos, outros conceitos e outras maneiras de compreender o sofrimento psíquico. Mas todos eles supõem que a pessoa está sendo agida por forças que ela desconhece. É isso que importa.

Ou seja, eles não abriram mão do essencial.

O que me aflige, como eu lhe disse, é que esse "essencial" corre o risco de já não produzir o assombro que deveria produzir a cada dia de trabalho, com cada paciente, em cada sessão.

Pelo que andei lendo, André Green é um psicanalista que está o tempo todo tentando resgatar a força do conceito de inconsciente. Parece que ele tem a mesma preocupação que você. Talvez por isso tenha escrito, em 2002, aquele livro, O pensamento clínico.

Por uma questão de modéstia, não quis fazer essa comparação. Mas já que foi você que disse... [Risos] Nunca conversei pessoalmente com ele, mas só pelo tom de certos artigos e livros aposto que ele via o risco de que, se o pensamento referido à metapsicologia fosse ficando rarefeito, a psicanálise perderia sua potência clínica. Acho que ele tem razão.

Isso acaba dando munição para os ataques que a psicanálise vem sofrendo de todos os lados. Um tiro no pé...

Continuando. Vimos, então, que a primeira resposta à sua questão sobre como pensa um psicanalista é que o pensamento clínico não pode prescindir de dois conceitos fundamentais: inconsciente e transferência. Obviamente, isso não é suficiente. Pois pensar clinicamente é também ser capaz de estabelecer relações entre teoria e clínica. Conhece um artigo de Bernardo Tanis (2014) chamado "O pensamento clínico e o analista contemporâneo"?

Não...

Lá ele diz que não é fácil *criar pontes* entre a experiência vivida na clínica e as teorias, que devem funcionar apenas como parâmetros norteadores.

Gostei da expressão "criar pontes"!

Eu também gosto bastante, pois *criar pontes* é muito diferente – mais sutil, mais sofisticado – de simplesmente aplicar a teoria à clínica, engessando o paciente e/ou o analista.

Também não é o caso de ir para o polo oposto, que seria abrir mão da teoria para praticar uma clínica "espontânea", dizendo e fazendo qualquer coisa que venha à cabeça!

Você pegou rápido a ideia. Vou lhe dizer como eu vejo a relação entre teoria e clínica, base do pensamento clínico do analista. Acho que a formação psicanalítica é o processo por meio do qual a teoria estudada vai sendo metabolizada e apropriada, numa relação visceral e indissociável do fazer clínico.

Bonito! Gostei! Reconheço que estou em algum ponto no meio desse processo.

Eu também estou, porque esse processo é infinito, continua mesmo quando já temos bastante experiência. Enfim, a formação de um analista pode ser pensada como o processo por meio do qual *a teoria vai sendo encarnada*, vai virando parte de sua carne, do seu ser, do seu jeito de olhar para os fenômenos humanos.

É um processo demorado, imagino.

Sim, vai acontecendo aos poucos, são muitos anos durante os quais nós transitamos o tempo todo da teoria para a clínica, entre o singular e o universal, e vice-versa.

Como seria esse trânsito?

Excelente pergunta. Quando lemos um texto de psicanálise, ele nos remete a nossos pacientes ou à nossa análise. Quando estamos atendendo, a teoria está lá como pano de fundo de nossa escuta. Teoria e clínica se iluminam e se vitalizam reciprocamente. Sem clínica, a teoria é letra morta.

E eu acho que, sem teoria, a clínica é uma aventura arriscada!

Então, acho que estamos prontas para vermos juntas como os conceitos de inconsciente e transferência determinam um jeito próprio de ler os fenômenos humanos. E isso tanto no consultório quanto na vida. Exatamente como seu amigo artista, que trabalha no ateliê dele, mas olha para a mesa de jantar da sua casa e vê uma instalação.

Isso me deu uma ideia: vamos começar exercitando o pensamento psicanalítico com alguma situação banal do cotidiano. Dessas que todo mundo já viu acontecer com alguém...

Ótimo. Depois podemos ver como isso se passa na clínica, em dois planos diferentes: macro, fora da sessão; e micro, durante a sessão.

Excelente plano! Outro dia eu estava numa festa e não sabia como ajudar um amigo meu. Ele queria muito chegar numa menina, mas não conseguia. Ele apontava para ela com uma mistura de desejo e tristeza e dizia: "é muita areia para meu caminhãozinho"! Muito tímido, coitado! Ela era muito bonita, claro. Mas ele travou de um jeito que eu achei desproporcional. E o mais bizarro é que tinha outra garota dando em cima dele. Achei que ele ia se animar, mas olhou e disse: "é bonitinha, mas não me dá tesão"...

Essa situação é ótima para mostrar como pensa um psicanalista. No caso, eu! [Risos] Isso que muitas vezes chamamos de timidez pode ser pensado – pelo menos nesse caso específico, considerando o contexto que você descreveu – como uma inibição sexual. O rapaz fica inibido, na festa, porque a possibilidade de se aproximar dessa mulher desperta angústia. Naturalmente, as teorias que estudei sobre a neurose, e que agora estão encarnadas, formam o pano de fundo de minha maneira de olhar para a situação. Não vou lhe dar uma aula sobre neurose, mas vale a pena sublinhar que, na lógica inconsciente, a moça superbonita passa a ser muita areia para seu caminhãozinho porque ele a vê como uma "deusa", como um mulherão. Se seu amigo a visse apenas como uma moça bonita, não despertaria angústia e poderia tentar a sorte.

Ah, acho que a transferência está aí, no fato de endeusar a menina. Acho que ele a está confundindo com a primeira "deusa" das nossas vidas: a mãe. E, diante dela, ele vira um menininho. Por isso a possibilidade de se aproximar desperta angústia.

Isso mesmo. O adulto sai de cena e surge a criança-nele. É ela que fala quando diz que só dispõe de um "caminhãozinho", isto é, não tem os atributos necessários para satisfazer esse mulherão.

Visto desse jeito, a criança-nele tem toda razão! A reação dele não é nada desproporcional, como eu pensava no início. Azar do adulto, que foi colocado de escanteio.

Pois é! Graças aos conceitos de inconsciente e transferência, a inibição sexual passa a fazer sentido, e é bastante proporcional à angústia que a situação desperta nele.

Mas não é só. Seu amigo – ou melhor, a criança-nele – tem mais medo, e se angustiaria ainda mais, de conseguir conquistar o mulherão.

Será? Parecia ser tudo o que ele queria!

Agora você usou a frase certa. Na lógica inconsciente, quando um desejo é vivido como "incestuoso", que é a representação do prazer *absoluto* – era *tudo* o que ele queria –, a possibilidade de realizá-lo produz *muita* angústia. Satisfazer o desejo de forma absoluta produz angústia porque ele pressente que poderia se desorganizar por um excesso de excitação. Explodir ou implodir, algo assim.

A areia transbordaria do caminhãozinho! A criança-nele tem razão novamente!

Agora você entendeu! Então, para proteger o eu, o supereu simplesmente o proíbe de chegar perto desse absoluto. A proibição é proporcional ao "perigo" que ela – a criança-nele – corre. Agora, sente só o drama: ele não consegue se interessar pela "bonitinha" porque continua atrás de algo que nem existe! Pois o prazer é sempre parcial. O gozo, sim, é absoluto, mas está associado com a morte, e não com a vida.

Interessante! Acabo de lembrar de outra situação banal do cotidiano. Em termos de psicopatologia, parece pertencer a outro "departamento". Tenho uma amiga que está com a vida travada. Não é só sua vida sexual que está assim, como no caso do meu amigo. Ela me pediu uma indicação de análise e eu sugeri uma analista que conheço bem. Na semana passada, quando perguntei se ela tinha ido, respondeu: "fui, mas não fui com a cara dela". Perguntei por que, mas ela não soube dizer. Repetiu que "o santo não bateu". Depois ela disse que ficou incomodada porque a analista estava usando botas de salto.

Mais um excelente exemplo. Do ponto de vista de um leigo, foi antipatia à primeira vista. Mas como entender esse fenômeno do ponto de vista metapsicológico? Eu imagino que, para fugir da analista do jeito que você descreveu, ela tenha se sentido ameaçada por aquela mulher. As teorias sobre o narcisismo e sobre as várias modalidades de angústia narcísica – quando o eu se sente ameaçado de morte pelo objeto – formam o pano de fundo dessa minha leitura. Se for isso, ela transferiu à figura da analista não a "deusa", que é o primeiro amor de todo mundo, mas a "bruxa", que, em menor ou maior grau, vem no mesmo pacote, junto com a deusa. Você tem razão quando fala de outro departamento. Falamos bastante disso quando conversamos sobre neurose e não neurose, lembra (Capítulo 1)?

Lembro, claro! A bruxa é a imago materna *"do mal" inconsciente. Se ela se sentiu ameaçada, não tem nada de desproporcional na reação dela. E a análise nem tinha começado!*

Imagino que a bota de salto tenha criado um *look* tal que "acordou" e "chamou" a transferência negativa logo na primeira entrevista. Talvez ela tenha visto ali uma mulher poderosa, autoritária e arrogante, que poderia humilhá-la ou desprezá-la. Ou uma mulher ocupada só consigo mesma, que seria dura com ela e indiferente ao seu sofrimento.

Seriam as várias facetas da imago materna *"do mal" que foram projetadas na pobre analista. Minha amiga sente que o "santo não bateu", mas, como todo esse processo é inconsciente, não consegue acessar "de onde vem isso".*

O que estava *negativado* pelas defesas – nesse caso, a clivagem da *imago* do mal – é *positivado* como transferência negativa. No caso anterior, da areia e do caminhãozinho, a defesa não era a clivagem, mas o recalque.

Gostei. Bem, acho que agora podemos sair do cotidiano e ir para a clínica. Quero discutir com você dois casos que estão num livro que acabei de comprar. Acho que podem ser úteis para ver como você faz o trânsito entre o singular do caso e o universal da teoria.

Ok, mas antes vamos fazer um intervalo para um café.

E eu vou preparar um chá de camomila.

* * *

O livro do qual lhe falei é só sobre casos clínicos (Dumet & Menechal, 2005). Pensei em discutir dois casos: Leila e Emanuelle.

Ótimo.

Começo com Leila. Vou resumir para você. Já li tantas vezes que até parece que é minha paciente! [Risos]

Ela tem 20 anos, é simpática, agradável e tem uma aparência bem cuidada. Procura o serviço de uma clínica social com uma queixa de depressão. Conta que aos 15 anos fugiu do Marrocos com um francês que tinha ido fazer um documentário lá. Já na França, engravidou, teve uma menina e pouco depois se separou. Fez uns bicos aqui e ali, conheceu outro cara, engravidou e se casou com ele. Faz três anos, o bebê dessa segunda relação morreu por complicações de uma cirurgia simples que ela tinha autorizado.

Queixa-se de que não consegue entrar em lojas grandes se não estiver acompanhada. Tem medo de estar ficando louca. Esses sintomas começaram depois da morte do filho. Tinha alucinações nas quais era acusada de ter matado o filho por ser filho de um europeu. Durante um ano, ficou trancada no quarto chorando. Diz que foi se consolando graças a uma cumbuca de metal que trouxe do Marrocos. Durante a infância, brincava com a mãe de se ver refletida nesse objeto. Pouco tempo depois, conseguiu retomar seu cotidiano, exceto entrar em lojas sozinha.

O terapeuta propôs um enquadre de uma sessão por semana, com acompanhamento de uma psiquiatra. Ela conta que trabalhava no caixa de um bandejão, onde havia muitos clientes homens. Ia bem arrumada, era sorridente e agradável. Acha que é por isso que seu caixa tinha as filas mais compridas. As mulheres dos outros caixas, bem mais velhas que ela, ficavam com inveja e a hostilizavam.

Nessa época, Leila começou a ter sintomas visuais. Descreve o contexto no qual eles apareceram: olhava para o cliente, cumprimentava e, em seguida, olhava para a bandeja a fim de verificar os itens comprados. Daí olhava para a tela do computador, para digitar os preços. Seu olhar ia, então, para a vidraça que refletia sua imagem e a do cliente e, por fim, olhava novamente para ele para dar o valor total. O reflexo da luz da tela e na vidraça lhe dava náuseas. Começou a ter insônia, e seu campo de visão foi diminuindo, sem que o oftalmologista pudesse dizer a causa. Acabou pedindo demissão.

Depois de algumas sessões, queixa-se com a psiquiatra de que o terapeuta tem um olhar duro, que lhe lembra o olhar do pai. Quer interromper a terapia, mas não ousa dizer isso a ele. Certo dia, teve um acesso de tosse tão forte que teve de sair correndo da sala de atendimento.

Foi detida numa loja na qual estava roubando maquiagem. Descobriram na sua casa uma coleção de batons, rímeis e lápis de olho ainda na embalagem. Seduziu o policial encarregado de investigar o caso. Acabou engravidando. Ainda não sabe se vai ficar ou não com o bebê, pois ele não quer assumir o filho. Queixa-se de que o agente da lei não tem empatia nem carinho por ela.

Tem razão, AnaLisa, é um ótimo caso para praticarmos o pensamento clínico em nível macro, fora da sessão, tentando reconhecer o tipo de sofrimento psíquico que ela apresenta. Vou lhe pedir esse livro emprestado, pois acho que vai ser muito útil para mim. Posso usar o material clínico à vontade, sem me preocupar com questões de sigilo.

Só empresto se você prometer que devolve! [Risos]

[Risos] Prometo!

Pelo que você contou, embora a paciente diga que está deprimida, a aparência, o tom de voz e toda a comunicação corporal nos primeiros contatos não sugerem isso.

No começo fiquei em dúvida se ela não seria psicótica, ou borderline. *Afinal, ela teve um episódio psicótico.*

Veja, ela parece ter conseguido fazer o luto pela perda do filho, o que indica uma estrutura psíquica robusta. Soube se fazer "tratar" usando a cumbuca de metal da infância, que representa, à escuta analítica, a função materna internalizada.

Seria uma figura materna "do bem", ao contrário da minha amiga que não foi com a cara da analista de botas, que eu tinha indicado.

Com certeza. Tanto que o que a leva à clínica não é isso, mas o medo de entrar em lojas se não estiver acompanhada. Trata-se de um medo bem localizado, uma fobia, bem diferente do que seria um ataque de pânico, caracterizado por uma angústia difusa e por sintomas físicos.

Ela relacionou a fobia com estar no meio de gente demais nas lojas. Mas depois se corrigiu: disse que tinha medo de cruzar seu olhar com o dos homens. Pelo que entendi, é nessas lojas que ela rouba maquiagem.

Tudo indica que o olhar é o campo em que se dá o jogo de sedução. Compra lápis e rímel, mas não consegue usá-los, o que sugere um conflito neurótico entre desejo e interdição. Como no caso do seu amigo, que não consegue se aproximar da mulher que deseja – muita areia para o caminhãozinho dele.

Eu percebi que o olhar é um significante muito importante, aparece o tempo todo no texto. Agora a sequência do bandejão faz mais sentido para mim. Tanto detalhe que não tinha ficado muito claro que tinha a ver com sedução.

Acho que sim. Você disse que ela *olha* para o cliente, para a bandeja, para o computador, para o reflexo deles na janela, e para o cliente de novo. Disse também que o oftalmologista não encontrou nada que explicasse as náuseas e os sintomas visuais que a levaram a pedir demissão. Tudo isso faz pensar em histeria de conversão.

O terapeuta fala um pouco de sua contratransferência. Diz que gosta de atender essa moça bonita e agradável. É sedutora, teve vários homens e, ao mesmo tempo, um jeito meio infantil de ser.

Além de tudo o que já vimos, a contratransferência e certo infantilismo são dados importantes para ajudar a reconhecer a histeria. De fato, é um caso "de livro", como se costuma dizer. Permite articular de maneira muito clara o singular – Leila e seus sintomas, seu relato, a contratransferência – ao universal da teoria sobre a histeria.

Por que o olhar é o campo de sedução? Ele virou uma espécie de órgão sexual?

Você me disse que ela nasceu no Marrocos e viveu lá até os 15 anos. É possível que nos países em que as mulheres precisam usar véu, e só os olhos ficam descobertos, eles sejam hiperinvestidos e erotizados, pois a sedução vai depender principalmente do olhar. Essa é a diferença entre somatização e conversão. Nesta última encontramos sempre um conflito entre desejo e interdição. Também a fobia de entrar em lojas tem a ver com o medo/desejo de seduzir/ser seduzida pelo olhar/maquiagem que rouba, mas não usa. E ainda por cima se deixa pegar no flagra, talvez buscando algum tipo de punição, de interdição.

Mas por que o supereu tem de ser tão chato? [Risos]

Essa é a própria definição de neurose! [Risos] Agora, sério: porque, como essas relações estão sob o signo da assimetria, os homens que mencionou são sempre representantes da figura paterna. Veja bem: uma adolescente e um cineasta estrangeiro; a funcionária e os clientes do bandejão...

... a ladra e o policial; a paciente e o analista.

O desejo infantil está preso nessa configuração. O supereu tem de ser chato porque, na fantasia edipiana inconsciente, o desejo sexual infantil é representado como satisfeito: o pai "corresponde" ao amor da menininha.

Ah, é por isso ela diz que a fila em seu caixa é maior que nos outros caixas!

O que é uma vitória, mas é um problema, pois ela sente que as mulheres mais velhas, que estão às moscas nos outros caixas, a invejam e hostilizam. Percebe a representação da rivalidade com a figura feminina? E da triangulação tipicamente edipiana? Ela/admiradores/mulheres excluídas. Na fantasia inconsciente, a criança-nela conseguiu seduzir o papai. Triunfou sobre a figura materna, que fica excluída da cena – cena que ela vê refletida no vidro e lhe dá náuseas. Daí a punição por parte do supereu – uma espécie de "cegueira" –, que a obriga a abandonar o emprego. Atenção, não é o mesmo supereu cruel que encontramos na paranoia e na melancolia (ver Capítulo 4).

O caso vai ficando cada vez mais interessante! E a transferência? Dá para dizer alguma coisa nesse nível macro do pensamento clínico?

Dá, sim. Você disse que, quando ela vai na psiquiatra, se queixa do terapeuta, que tem um "olhar duro como o do pai". O que significa "olhar duro"? Significa que ela se ressente porque o analista se recusa a corresponder à demanda de amor que ela faz na transferência. Além disso, a transferência erótica é difícil de ser suportada por ela, que acaba tendo um acesso de tosse que a obriga a sair correndo da sala de atendimento. Outra defesa contra o excesso de erotização é a transferência lateral com o policial, que permite atenuar a excitação na transferência para poder dar continuidade à análise.

Estou começando a entender por que você fala em "teoria encarnada". Esse trânsito constante entre o universal da teoria e o singular da clínica faz com que a teoria ganhe "carnes". Com esse caso eu redescobri a teoria que eu já tinha lido, mas não servia para muita coisa porque estava dissociada da clínica.

Estou animada. Podemos passar para o segundo caso que li no livro.

Emanuelle (Dumet & Menechal, 2005) tem 25 anos e, ao contrário de Leila, se veste de um jeito básico para não chamar atenção sobre sua pessoa e seu corpo. Se Leila tem uma linguagem corporal exuberante, Emanuelle é acanhada e "para dentro". Na primeira entrevista, diz que procurou o serviço porque sente que algo não vai bem. Acha que sua timidez é "doentia", pois fica travada e muda quando está com mais de três pessoas. Tem a impressão de que as ideias somem e não tem nada para dizer. Faz um esforço enorme para participar das conversas, para marcar sua presença, mas, quando diz alguma coisa, tem medo de ter sido inadequada.

Emanuelle tem uma relação boa com os pais, sem brigas, mas também sem muita conversa. Tem uma irmã cinco anos mais nova que é sociável e espontânea. Apesar de já ter 25 anos, não pensa em sair de casa porque tem pavor da solidão. Tem amigas de infância que a convidam para festas. Fica feliz porque se lembram dela, mas também muito tensa porque não vai ter o que dizer. Nos fins de semana, prefere fazer passeios solitários pela natureza. Diz que viaja com o mínimo necessário. Gosta de aventuras arriscadas. Chegou a pensar em ir para um mosteiro no Tibete.

Atualmente faz doutorado. Apesar de ser boa aluna, não está satisfeita com seus estudos porque queria um trabalho de verdade. Mais precisamente: diz não saber o que fazer de sua vida. Se sente um fracasso. Quando prestou o vestibular ficou tão nervosa que descompensou e foi parar numa clínica. Quando saiu, foi indicada para uma terapia. Fez individual por um tempo e depois foi encaminhada para terapia de grupo, mas não se adaptou. Quando quis voltar, o terapeuta não tinha mais horário. Ela diz tudo isso segurando o choro.

Na segunda entrevista, está mais solta, mais sorridente, fala mais. Conta que seu pai tem um laboratório de química e sua mãe é enfermeira. Esta teve uma história difícil: quando sua irmã nasceu, foi mandada para a casa de sua avó, e só via a mãe aos domingos. Por isso, para poder curtir sua primeira filha, resolveu trabalhar só meio período e só quis outro filho cinco anos depois. Emanuelle ia começar sua escolarização durante essa gravidez, mas chorava demais e não se adaptou. Então foi retirada da escola e passava os dias na casa da avó, a mãe do pai, que era muito severa.

Em dado momento, o terapeuta lhe pergunta sobre sua vida amorosa. Ela fica perturbada e diz que "até agora conseguiu escapar, mas sabe que algum dia vai ter de encarar". Ele sentiu que não deveria ter feito essa pergunta. Ela liga adiando a terceira entrevista. Começa a falar, mas logo desmorona. Diz que se sente um fracasso, fala em infelicidade, suicídio etc. Está desesperada, tem medo do vazio das férias, vai perder o contato com as amigas da faculdade; vai trabalhar na empresa do pai, como no ano passado, porque é um ambiente conhecido; os funcionários são mais velhos e ela se sente bem com eles. Depois vai viajar com os pais. Enquanto isso, a irmã vai fazer um aperfeiçoamento em ginástica e depois viajará com os amigos.

Emanuelle odeia ginástica, tem horror que vejam seu corpo fazendo esforço. Se sente muito exposta. Tem muita dificuldade para se vestir. Começa a chorar quando diz isso. Não consegue comprar nada, usa sempre as mesmas roupas. Odeia sua imagem no espelho, parece que não é ela. Acaba sempre vestindo um uniforme triste, sem graça. O terapeuta lhe propõe um novo encontro. Fica espantada, pois achava que ele também sairia de férias e teriam de interromper.

Ele comenta que, aparentemente, não há nada de muito errado com ela: nenhum grande trauma em sua história de vida, está bem adaptada, estuda, tem amigas. Mas quando ela desmoronou na terceira entrevista e falou em suicídio, ele percebeu que havia um buraco importante.

É um caso bem rico para se exercitar o pensamento clínico. É assim mesmo que se aprende.

E é bem preocupante, pois a adaptação que ele menciona é só uma adaptação de superfície. Ou seja, ela mantém as aparências, mas à custa de muito esforço, tanto na análise como na vida. Ele deve ter intuído isso, tanto que propôs três entrevistas. Nas duas primeiras, as defesas funcionaram mais ou menos bem, e ela conseguiu passar a impressão de que não há nada de muito errado com ela. Emanuelle adia a terceira entrevista, talvez para tentar se "recuperar" das duas primeiras, mas não adianta, e ela desaba.

Fiquei pensando sobre essa "timidez doentia". Como podemos entender isso do ponto de vista metapsicológico?

O que chamamos de timidez é um desempoderamento e uma dificuldade em acreditar que o eu tem valor para o outro, que é "gostável"; há uma dificuldade em conseguir afirmar algo próprio, uma existência autônoma em relação ao objeto. Junto com a vergonha, é um afeto que mostra o sofrimento narcísico. Ela tem o que poderíamos chamar de depressão narcísica (ver Capítulo 5).

Não consegui entender se ela tem medo de colocar suas opiniões, ou se nem chega a ter uma opinião. Mas percebi pela descrição que ele faz da linguagem corporal que ela faz de tudo para evitar chamar a atenção sobre sua pessoa. Como se estivesse o tempo todo submetida a um objeto esmagador.

Afirmar algo próprio, quer dizer, afirmar o direito de ser e de existir, supõe alguma agressividade, uma agressividade boa, necessária. O que será que aconteceu com ela para tamanha inibição? Será que essa agressividade precisou ser recalcada? Ou clivada? Será que essa possibilidade de "impor" sua existência lhe foi sequestrada por um objeto que não sobreviveu a mínimas tentativas do eu de afirmar sua autonomia? Um objeto que desmilinguiu? Que a atacou com violência? Que ameaça abandoná-la caso ela insista em ter vida própria?

Nossa, não imaginava tantas hipóteses a serem consideradas frente ao sintoma chamado "timidez"! Então "pensar clinicamente" é isso, é fazer hipóteses metapsicológicas sobre o que poderia estar determinando o que percebemos na clínica!

Fascinante, não é? E certamente poderiam surgir outras, dependendo do material clínico e da transferência.

O contraste com Leila não poderia ser maior. Uma deu um jeito de fugir de casa e foi se virando na vida. A outra nem imagina essa possibilidade. Realmente, sua autonomia com relação ao objeto está comprometida.

O que mostra que a separação sujeito-objeto não se completou. Estamos, portanto, em terreno não neurótico.

Quanto a isso, fiquei um pouco confusa, pois Emanuelle tem dificuldades com o corpo e com o feminino. No começo, pensei que poderia ser algo ligado ao erotismo e à identidade sexual, num terreno mais neurótico, como Leila.

Já tivemos essa conversa sobre a diferença entre uma organização neurótica e não neurótica (Capítulo 1). Aqui, o material que você trouxe aponta para a fragilidade do eu. A dificuldade é anterior, tem a ver com angústias ligadas a ser e a existir. Tanto que ela procura o terapeuta porque tem pavor do vazio das férias. Vemos que o cotidiano do ano escolar funciona como enquadre que segura o eu de fora para dentro.

E ela mesma pressente que poderia descompensar novamente – como aconteceu depois do vestibular – e mergulhar na depressão.

Nessa compreensão, quando a separação não se deu de modo suficiente, o objeto continua funcionando como "muro de arrimo" do eu; e a angústia central é a de separação ou perda do objeto.

De fato, é uma angústia difusa, bem diferente da fobia de Leila, que tem um objeto claro – entrar em lojas.

Além disso, não é uma angústia recente. Aos 5 anos de idade houve uma tentativa de escolarização que não deu certo porque Emanuelle não podia ficar longe da mãe.

Por isso estranhei quando ela conta que faz passeios sozinha pela natureza e pensa em passar uns tempos no Tibete. Um tanto ousado para quem precisa tanto do objeto para se sentir minimamente segura, não?

Podemos pensar nisso como uma defesa: "eu abandono o objeto para não correr o risco de ser abandonada". Mas eu escuto aí também outra coisa mais preocupante: "quero sumir e me enterrar no Tibete". É uma ameaça de suicídio velada. O núcleo melancólico é evidente.

Sim, faz sentido... Podemos voltar à questão do corpo?

Sim, claro. Ela se veste com um uniforme triste e, quando se olha no espelho, tem uma vivência que parece ser de despersonalização. Também não gosta de ginástica, nem de expor o corpo fazendo esforço. Na minha escuta, esse material revela uma problemática mais arcaica, ligada não apenas à imagem corporal, mas à possibilidade de habitar seu próprio corpo.

Com tudo isso, não é de espantar que não consiga ter uma vida amorosa.

Pois é, e não tem nada a ver com histeria.

E quanto aos elementos transferenciais e contratransferenciais? De que maneira entram no pensamento clínico, nesse caso?

A contratransferência é um indicador precioso do que está em jogo. Nessas entrevistas o terapeuta foi claramente afetado pela presença reservada e lacônica da paciente, e captou o esforço que ela faz para não desmoronar. Ela mobiliza uma atitude de cuidado, em resposta a uma evidente fragilidade do eu. Diferente da contratransferência com Leila, que tem uma organização psíquica mais robusta – vimos que ela consegue fazer o luto pela perda de um filho porque contava com um bom objeto interno, lembra?

Emanuelle definitivamente não conta com um bom objeto interno, e por isso continua precisando do objeto fora dela.

Podemos imaginar que, com esse mundo interno tão ameaçador, a situação analítica será vivida, muito provavelmente, com ambivalência: possibilidade de ser ajudada, mas também como ameaça.

É mesmo. Bastou o terapeuta perguntar sobre sua vida amorosa para ela se sentir ameaçada. Você acha útil um diagnóstico psicanalítico?

Olha, eu acho que é útil sabermos que estamos diante de uma organização limite da personalidade com traços melancólicos importantes. Funciona como um norte, um pano de fundo. Já entramos em campo sabendo o que seria melhor evitar. E também que vamos precisar ficar muito próximos do material, sem tentar interpretações mais disruptivas ou de confronto.

Teria algum exemplo do que não é para fazer?

Por exemplo, eu não a confrontaria com a passividade na relação com as amigas. Para ela, por enquanto, é assim que as coisas são. Melhor falar de como isso a condena à solidão, como se sente isolada. E ao dizer isso, já estamos junto com ela, ela já não está mais tão sozinha e isolada. É o único caminho para a construção de um vínculo com uma pessoa tão assustada.

Faz sentido. Reconheço que ter uma noção básica de psicopatologia ajuda o analista a elaborar um pensamento clínico que, por sua vez, ajuda a trabalhar com o paciente. Esse é um exemplo de pensamento clínico em nível macro, certo? Você tinha mencionado algo sobre um nível micro... Se não me engano, ia falar sobre como um analista pensa durante a sessão, e como surge a interpretação. Será que agora você não poderia trazer algum caso seu? Uma sessão?

Boa ideia. Mas acho que agora preciso de mais um intervalo. Pensar cansa!

* * *

Antes de trazer duas situações para falar do pensamento clínico no nível micro, gostaria de comentar o que orienta o fazer do analista em sessão num plano geral. Não é algo sobre o que ele fica pensando conscientemente, mas é um modo de escutar e de intervir que está "encarnado" – para voltar a um termo que usamos no começo desta conversa.

Eu entendi isso lendo o excelente relatório de Emanuelle Chervet (2017) sobre a interpretação. Ela diz que, por um lado, o analista procura favorecer a emergência de material inconsciente, quer dizer, ligado ao infantil, à criança-no-adulto. E, por outro, tenta promover a atualização do pulsional no aqui e agora da sessão. Essas duas vertentes do trabalho analítico estão mutuamente imbricadas.

Espero que você me explique tudo isso direitinho!

Vou tentar! Favorecer a emergência de material inconsciente é fazer pequenos assinalamentos, ou perguntas, ou comentários, que servem para abrir caminhos para novas associações. Um dos postulados que sustenta o método analítico é o de que todos os caminhos levam a Roma: tudo o que o paciente diz deriva do inconsciente. Ou seja: tudo o que não foi suficientemente digerido e integrado se repete em busca de "sepultura simbólica" – o termo é de Roussillon (ver Capítulo 3).

Esses elementos aparecem nas historinhas que o paciente conta?

Sim. Elas trazem embutidas, de um jeito que não é linear nem explícito, referências ao infantil ou ao arcaico. Quanto mais arcaico, mais a comunicação é não verbal. Cabe ao analista conseguir acessar e reconhecer em que "língua" a criança-no-adulto está falando.

Então o inconsciente fala numa língua que lhe é própria, e que se infiltra e se disfarça de linguagem adulta! Interessante essa ideia. Estou aqui lembrando dos meus pacientes: eles parecem contar sempre a mesma historinha, só que em contextos diferentes.

É como a comida não digerida que vai e volta. O importante é ter em mente que vamos usar essas historinhas para ajudar o paciente a reconhecer o que ele não conseguiu digerir de suas experiências emocionais. É um trabalho a quatro mãos que amplia o repertório psíquico pré-consciente, e cria uma rede de segurança para a segunda vertente do trabalho do analista...

A tal "atualização pulsional".

Isso. Em certos momentos da análise, a temperatura na transferência sobe, e podemos dizer que ela "estoura" no colo do analista. Nem sempre com muito alarde. Lá pelas tantas, percebe-se uma tensão no ar. Surge o que já foi chamado de "ponto de urgência", e ele sente que precisa interpretar. São estes os momentos preciosos em que a interpretação pode promover mudança psíquica.

É preciso malhar o ferro enquanto está quente.

Excelente imagem. Por exemplo: se é o arcaico que se atualiza, poderemos ter momentos de transferência/contratransferência negativas. Pavor e ódio surgem com força, embebendo o aqui e agora. Esses afetos em estado bruto – o pulsional – estão vivíssimos, sinal de que o traumático está sendo atualizado, e que o analista está sendo vivido como idêntico ao objeto traumatizante. Nesses momentos privilegiados, podemos reconhecer "quem" somos na transferência e, a partir disso, abrir um destino diferente do que foi possível ao eu em épocas anteriores.

Imagino que, justamente nesses momentos, corre-se o risco de tudo desandar.

É verdade. São momentos delicados. Vamos ver como isso acontece em sessão.

Vou lhe falar de duas pacientes. Em vez de dar um nome fictício, como costumamos fazer, vou usar uma palavra extraída do próprio material clínico, que aponta para o ponto de urgência, para o momento embebido de afeto vivo que indica a atualização pulsional. Para usar a sua imagem, o momento em que o ferro ficou quente na transferência. A primeira vou chamar de Providência (Chervet, 2017).

A paciente perdeu a mãe de câncer quando tinha 8 anos. Sem condições de morar com ela, o pai iria colocá-la num orfanato, mas, por um desses acasos, ela acabou indo viver com a babá e seus filhos.

Já faz um tempo que o tema das sessões é a venda do seu apartamento. Os corretores trazem os clientes, mas ela ainda não planejou outro lugar para morar. Parece uma atuação. Eu fico preocupada e também irritada, porque não tenho como intervir nessa fala árida, repetitiva, sem associações.

Em certo momento, a paciente fala de uma moça que atravessou a rua bem na frente de seu carro. Disse que a sorte é que ambas estavam atentas, senão a teria atropelado. A cena deixou nela uma impressão muito viva. Sinto que essa cena é importante, o que me ajuda a esperar, a aguentar a aridez até o momento de intervir.

Eu já tinha tentado relacionar esse ímpeto para vender o apartamento a situações do passado. Mas minha fala era intelectualizada, sem lastro afetivo, e não deu em nada. Agora é diferente: estou me sentindo afetada pela dimensão agida da fala. Sinto que é uma fala provocativa, ela está me convocando a agir também.

Será que ela queria que você dissesse "venha morar na minha casa"? [Risos]

[Risos] Quase isso! A situação transferencial vai ficando tensa. Sinto que preciso dizer alguma coisa. Pergunto, então, o que ela vai fazer depois que tiver vendido o apartamento. A paciente responde, *num tom absolutamente despreocupado*, que vai ficar na casa de amigos. Algo nesse tom chama a atenção e atiça minhas orelhas analíticas: sinto que estou diante da emergência de material ligado ao infantil.

Por quê?

Talvez porque um adulto se preocuparia com o que pode acontecer, para onde ir, mas uma criança, não.

Então é isso que você chamou de emergência de material infantil?

Sim. E o tom despreocupado da resposta faz com que surja na minha mente a palavra *providência*. Junto, vem a imagem de um *salto no vazio*.

De onde surgem essa palavra e a imagem?

Vou explicar. Primeiro, percebemos que a paciente está colocando em jogo na transferência uma identificação inconsciente, ligada, de forma complementar, ao objeto infantil.

Como você sabe disso?

Porque é uma fala agida, já que me sinto convocada a responder agindo também. Você brincou com a tentação de acolher a paciente na minha casa, mas eu realmente tinha muita vontade de sugerir a ela que procurasse um lugar para morar – uma fala que, evidentemente, não seria analítica, pois nos impediria de entender o que estava sendo colocado em jogo.

Eu nunca tinha pensado que dizer algo não analítico tem a ver com impedir a emergência e a elaboração de elementos inconscientes.

Pois é... Não se trata de seguir uma cartilha, mas de acompanhar os movimentos sutis e tentar se orientar por eles. No caso com essa paciente, a *pressão para agir* indica que esse é um momento de atualização pulsional. Então eu preciso conter o meu ímpeto de responder de forma complementar. Isso aumenta a *tensão* no campo transferencial-contratransferencial e faz com que eu *regrida a um funcionamento em processo primário*.

Como assim? Você regride? Não é o paciente que faz isso?

O analista também, mas com outro objetivo. Regredir significa abandonar o funcionamento mais consciente, em nível secundário, e entrar no "modo atenção flutuante". É um tipo de atenção em que "abrimos" nosso próprio inconsciente para sintonizar com o que vem do inconsciente do paciente. Regredir significa entrar num funcionamento onírico, associativo – como se estivesse sonhando a paciente, sonhando pela paciente. E quem diz sonho, diz processo primário.

Entendi. Segurar o ímpeto de responder de forma complementar faz o analista regredir a um modo de funcionamento primário, associativo, onírico, cujo ponto de partida é algo que provém do inconsciente do paciente.

Perfeito. É o meu funcionamento onírico que produz a palavra providência e a imagem do salto no vazio. O ponto de partida da minha associação foi, justamente, a atualização de moções pulsionais que provieram do inconsciente dela, e se expressaram naquele tom despreocupado de sua fala.

Que bacana! Nunca tinha pensado que é assim que nasce uma interpretação!

Bem, quando a palavra "providência" surge em minha mente eu me dou conta de que é um substantivo feminino. Ela traz consigo a ideia de um feminino que cuida, que impede o salto no vazio. É uma palavra que remete à figura materna. Me vem à mente uma coisa que ela tinha contado fazia tempo, e que tinha ficado pendurada na minha orelha. Lembrei que ela só não foi parar no orfanato porque o pai e a babá se encontraram por acaso enquanto cruzavam uma rua. Esse encontro *providencial* selou o destino dela.

Ecos dessa cena reapareceram no material quando contou da impressão viva que ficou quando uma moça atravessou a rua bem na frente do seu carro, mas por sorte ambas estavam bem atentas.

A interpretação surge espontaneamente de todo esse "caldo regressivo": "pensa que a providência virá recolhê-la em seus braços?".

Vou tentar resumir o que você disse sobre o pensamento clínico em nível micro, para eu não me perder. Você foi afetada pela transferência, mas, em vez de agir a identificação complementar que a paciente colocou em jogo, aguentou a tensão produzida pela atualização pulsional. Você regride, então, a um funcionamento onírico; surgem palavras e imagens que têm a ver com a transferência; e a interpretação vem meio de supetão, se impõe de maneira espontânea, sem você pensar, como um produto do seu próprio inconsciente.

Posso completar? Uma interpretação em processo primário propõe de forma um tanto enigmática, poética e condensada um sentido para o que está sendo agido na transferência. Como isto, por exemplo: "pensa que a providência virá recolhê-la em seus braços?". A única coisa que pode prevenir a atuação – vender o apartamento sem ter para onde ir – é a interpretação.

Entendo. Ela iria atuar, iria repetir, em pleno desconhecimento de causa, a situação de desamparo em que a morte da mãe a deixou. Iria se ver de novo sem eira nem beira, sem que isso a ajudasse a elaborar nada.

Note que ela não fala em desamparo. Ele aparece pelo negativo: foi salva pelo encontro providencial do pai com a babá. Essa interpretação encaminha o processo de luto e de desidentificação. É como se eu lhe dissesse: "hoje ninguém vai recolher você. Melhor você mesma tomar alguma providência".

E o que aconteceu depois?

Em associação à minha interpretação, ela diz que quer muito sair do prédio, pois não suporta aquele *coletivo*. Essa palavra se repete em várias ocasiões na fala da paciente. E se conecta com uma representação que estava em latência – pendurada na minha orelha – havia muito tempo: a casa da babá que a acolheu. O coletivo do prédio remete ao coletivo na casa da babá, onde viviam também os filhos dela. Reconheço aí *nova emergência de material infantil*. A interpretação que surge nesse momento tem uma organização em nível *secundário*: "livrar-se desse apartamento para tentar voltar atrás no tempo... até o momento em que foi retirada da casa dos pais e instalada na casa da babá, um coletivo? Como sair desse coletivo, se não pode mais voltar para a casa de seus pais?". Minha intenção foi conectar passado e presente, o coletivo do prédio e o da casa da babá, completando o sentido da quase-atuação da paciente.

Quer dizer que, no nível micro, o pensamento clínico do analista pode se dar em processo primário ou secundário. Interpretações que irrompem, e interpretações mais construídas.

Talvez possamos dizer que as primeiras se dirigem mais ao inconsciente do paciente. As segundas, ao seu entendimento consciente. Bem, acho que já falamos bastante desse caso. Se você aguentar, ainda tenho mais um para falar do pensamento clínico em nível micro.

Vamos lá. A conversa está muito estimulante.

Ótimo! Vou nomear essa segunda paciente de Mergulho (Chervet, 2017), porque é a palavra extraída do material que aponta para o ponto de urgência e indica a atualização pulsional. Essa paciente está presa numa melancolia. Desesperada, se sente um fracasso, impotente, não vê saída. De vez em quando, diz: "se um dia eu perceber que não tem jeito mesmo, *posso acabar com tudo*". É uma situação limite, pois acho que ela poderia mesmo se matar. Mas é também um jeito de preservar um último espaço de potência (*posso* acabar...), e, por isso, eu preciso respeitar esse refúgio. Enquanto isso, é preciso esperar a emergência de material ligado ao infantil, e a atualização pulsional. Estou me referindo novamente ao texto de Emanuelle Chervet. Há umas semanas apareceu uma nova oportunidade profissional. Surge um sonho.

Conta a paciente: "o sonho se passa na praia. Caminhava à beira-mar. Você está lá. Eu me troco, fico com as roupas nos braços, estou usando um maiô nada a ver, como um garoto à moda antiga. Peço sua ajuda. Mas você entra no mar com um mergulho elegante".

Na cena seguinte, a paciente se vê de carro numa estrada que faz uma curva. Percebe que é uma passarela sobre a água. Um viaduto que não está acabado, que termina no nada, de repente. A paciente acelera o carro e acorda.

Eu interpreto: "como se você me dissesse: já que você não quer me ajudar a mergulhar no feminino, você vai ver o mergulho que vou dar!".

A paciente responde: "Sim, lembro-me de pisar fundo, eu ia realmente mergulhar".

Depois de contar o sonho, continua com o mantra melancólico. Mas surge algo novo: um ódio em relação à mãe, ligado a lembranças de uma adolescência sequestrada. Não pôde completar seus estudos na escola porque o pai não permitia que as mulheres estudassem fora. Ele mesmo era o professor. Em vez de lutar por ela, sua mãe dizia: *tudo o que você precisa, você tem em casa*.

Volta a falar da nova oportunidade profissional. Queria muito tentar, mas sente que não vai dar conta.

Por que será que ela sente isso?

Muitas vezes, o objeto precisa da criança para sustentar seu narcisismo. Então ela abre mão de conquistar sua autonomia, desiste de ter vida própria, mas se deprime porque não desenvolveu seu potencial (ver Capítulo 5). No caso dessa paciente, a adolescência sequestrada produz ódio, mas o desejo de abandonar essa posição subjetiva produz culpa inconsciente. Os dois afetos ficam clivados. É na transferência que a clivagem poderá ser reduzida, e os afetos, integrados.

Precisamos, portanto, da atualização pulsional, certo? Para malhar o ferro ele tem de estar quente...

[Risos] Só que ainda não está. O mantra melancólico continua: "não vou conseguir, não tem jeito, se eu fracassar novamente, posso acabar com tudo". Dessa vez, pensando na culpa, eu digo que fracassar é um jeito de continuar como adolescente sequestrada. Que talvez sinta culpa em conquistar coisas para si. Essa interpretação faz com que a paciente comece a se preparar para as entrevistas. Na véspera, ela está desesperada e confusa. Não entendo direito o que ela diz, mas escuto: "se não der certo, posso acabar com tudo". Só que, dessa vez, ela diz isso num tom mais firme, mais direto, mais assertivo. Sinto um frio na barriga, porque entendo que ela está me ameaçando.

O ferro está quente!

É agora ou nunca! Então eu digo: "você quer que eu imagine essa possibilidade. Que eu aguente pensar nisto". Ela responde: "desculpe fazer você passar por isso. *Não!* É *verdade!* Isso é muito sério".

Na sessão seguinte, ela chega satisfeita com a entrevista e diz: "se não der certo, não vou ter vergonha de mim. Sinto que uma porta se abriu. Depois da última sessão, sinto que isso que eu digo do suicídio (usa a palavra pela primeira vez) tem a ver com vingança. Infligir a eles o pior sofrimento".

Por que ela não usava a palavra suicídio?

Porque a possibilidade de me deixar angustiada a deixava culpada ("Desculpe fazer você passar por isso"), revelando a posição subjetiva na qual está aprisionada e que, naquele momento, se atualiza na transferência. Quando eu digo *"você quer que eu imagine esta possibilidade, que aguente pensar nisso"*, eu me desloco do lugar de quem não aguenta nada e precisa ser amparada. Com isso, a certeza que ela tinha sobre "quem eu sou" fica chacoalhada. O que é bom, porque ela fica um pouco mais livre. E aí, pela primeira vez, pode usar a famigerada palavra: "é muito sério isso de pensar em suicídio". Essa palavra, por sua vez, vai se abrir para novas significações: ela percebe que não quer realmente morrer; o que ela quer é se vingar, "infligir a eles o pior sofrimento".

A eles e a você! Então é a possibilidade de falar de tudo isso que reduz a clivagem do ódio?

Falar de tudo isso *comigo*, já que é de mim que ela quer se vingar, os pais ficaram no passado.

Bem interessante. Gostaria de retomar a questão da atualização pulsional, que tem a ver com a palavra Mergulho. Por que a sua interpretação favoreceu esse movimento na análise?

Boa pergunta. Quando eu interpreto "se você não quer me ajudar a mergulhar no feminino, vai ver que belo mergulho vou dar!", eu me implico diretamente, reconheço que o sofrimento dela tem a ver comigo, e toco na ideia de suicídio como vingança. Até esse momento, o ódio e a ameaça não se dirigiam a ninguém em particular. E isso por um bom motivo: não havia, ainda, um destinatário suficientemente constituído para receber esse pacote. Ninguém que pudesse reconhecer e se implicar diretamente no sofrimento da paciente. O ódio produzido pela falha do objeto primário estava clivado e era atuado contra o eu.

Quando você interpreta, se oferece como destinatária possível para esse ódio?

Acho que sim. Pelo menos é depois disso que ela consegue me ameaçar diretamente. O momento está maduro para que eu diga "você quer que eu imagine esta possibilidade, que eu aguente pensar nisso". A resposta da paciente mostra que a interpretação tocou a criança-nela. "Desculpe... Não. É verdade. Isso é muito sério."

Isso do ponto de vista pulsional. Do ponto de vista das identificações, ela consegue pensar em como precisou se tornar obediente e passiva para se adaptar às necessidades das figuras parentais. É o começo do movimento de desidentificação da posição melancólica, construída em complemento a essas necessidades das figuras parentais.

Agora esse movimento ficou mais claro para mim. Essa conversa realmente me ajudou a perceber a diferença entre como o analista pensa no nível macro e micro. Ambos são importantes. E nos dois casos há um trânsito fluido e constante entre teoria e clínica e entre o singular e o universal.

AnaLisa, é um prazer conversar com você.

Nesse caso, vou aproveitar mais um pouco. Você cita muito Roussillon. Dá para ver que você se apropriou muito bem do pensamento dele. Ficaria muito feliz se pudesse falar um pouco sobre suas ideias principais. Mas daquele seu jeito, quer dizer, a teoria já encarnada na clínica.

Ok, então vou me organizar para essa nossa próxima conversa.

3. Algumas ideias de René Roussillon

Olá, AnaLisa, sobre o que gostaria de conversar hoje?

Olá, Marion. Naquele seu livro Diálogos sobre a clínica psicanalítica, *editado pela Blucher em 2016, você usa muito as ideias de Roussillon. Dá para ver que ele a ajuda muito na clínica. Eu tive um bom contato com os autores clássicos, mas ainda li pouco dos mais contemporâneos. Você conseguiria sintetizar suas ideias mais importantes?*

Que desafio! Na verdade, eu acho bem difícil fazer isso, porque ele tem uma obra extensa em que uma coisa remete a outra o tempo todo. Por isso, não saberia por onde começar. Além disso, não tenho muito esse perfil acadêmico de um estudo mais teórico. Eu me interesso pela teoria na medida em que ela ajuda a iluminar a clínica, e vice-versa, quando eu consigo redescobri-la viva a partir da clínica. Como diria Winnicott, eu preciso conseguir criar, por mim mesma, aquilo que encontro nos textos. Preciso reinventar a roda para poder me apropriar dela de uma maneira visceral.

É disto que gosto: você fala da teoria de uma maneira encarnada, nada abstrata. E eu já reparei que seus textos têm sempre essa marca, teoria e clínica se iluminam reciprocamente. Por isso, tenho uma proposta a lhe fazer: que tal você começar situando o pensamento dele em relação a Freud, e, conforme for, eu vou lembrando e comentando trechos da minha clínica? Ao longo da conversa, a teoria vai pedir a clínica, e a clínica vai pedir a teoria. Para mim será uma boa maneira de entrar em contato com algumas ideias de Roussillon.

Ah, esse caminho faz mais sentido!

Então, só para dar a largada, vou situar o pensamento dele do ponto de vista da psicopatologia – que, como você sabe, é o estudo das formas de sofrimento psíquico e sua determinação inconsciente. Como muitos autores contemporâneos, Roussillon também se interessou pelo sofrimento psíquico ligado às dificuldades na constituição do eu. Seus autores de referência são Freud e Winnicott, e ele dialoga com muitos pós-freudianos francófonos, especialmente com Anzieu, que foi seu analista, e com Green, que era seu colega mais velho.

Imagino que o estudo das dificuldades na constituição do eu tenha como ponto de partida o que se convencionou chamar de "a virada de 1920", já que o eu é uma instância que só aparece quando Freud (1920) propõe um segundo modelo para o aparelho psíquico – o isso, o eu e o supereu.

Estou vendo que você tem uma boa base de Freud. Essa é uma informação preciosa para que eu possa me situar em nossas conversas.

Pois bem, você tem razão. É nesse contexto pós-1920 – e com tudo o que ele escreveu depois de *Além do princípio do prazer* – que

Roussillon desenvolve grande parte de seu pensamento clínico e metapsicológico. Ele entende que muitas das consequências dessa "virada" ainda hoje não foram plenamente reconhecidas, limitando consideravelmente o alcance do trabalho analítico (2001). São tantas as mudanças que, em seu livro *Le plaisir et la répétition*, ele chega a falar em "segunda metapsicologia".

Como assim, segunda metapsicologia?

Ele acha que a primeira tópica, quer dizer, o primeiro modelo de aparelho psíquico...

... consciente, pré-consciente e inconsciente, modelo desenvolvido a partir da, e para a, clínica da neurose...

... esse mesmo. A primeira tópica, ou a primeira metapsicologia, enfatiza os processos intrapsíquicos. É um modelo que Roussillon considera solipsista.

Como assim?

Significa que os principais conceitos da primeira metapsicologia – sexualidade, conflito, recalque, retorno do recalcado –, e boa parte dos processos que Freud descreve, se passam entre o sujeito e ele mesmo.

Entendi. Não há espaço para pensar a intervenção do outro na constituição do sujeito.

É isso que vai mudar radicalmente, com mil consequências para a teoria e para a clínica, com a virada de 1920.

Virada que começa com a noção de identificação, que é justamente a presença do outro na constituição do eu.

Perfeito. Quando a presença do outro foi "digerida" e integrada, falamos em identificação; como você sabe, o "acervo pessoal" do eu se enriquece graças às identificações.

Mas quando a alteridade foi traumática, e por isso não pôde ser devidamente digerida, o outro é "in-corpo-rado". Ele passa a fazer parte do psiquismo, mas como um corpo estranho. O eu fica se debatendo contra o objeto incorporado, não ata nem desata, não integra nem expulsa. O supereu da segunda metapsicologia é um exemplo disso (ver Capítulo 4).

Interessante. E como fica a compulsão à repetição depois da virada de 1920?

Na primeira metapsicologia, Freud já falava em repetição. A ideia era que o sujeito viveu experiências prazerosas, e esse conjunto de vivências foi instalando progressivamente o *chip* do princípio do prazer. O neurótico repete em busca do prazer já vivido. Mas, depois, com as neuroses narcísicas – masoquismo, paranoia e melancolia –, Freud descobre que o sujeito repete compulsivamente mesmo experiências que não foram fonte de prazer. Aliás, repete experiências que foram fonte de dor.

Imagino que isso tem a ver com o sofrimento ligado à constituição do eu. E que afeta o modo como ele pensava o objetivo do trabalho analítico.

Certamente. Na primeira metapsicologia, o analista trabalha para levantar o recalque de modo a tornar consciente o inconsciente. Na segunda, Freud propõe: "onde era o isso, que advenha o eu". Abre-se espaço para pensar no processo de subjetivação, de constituição do eu-sujeito. E também naquilo que, quando não dá muito certo nesse processo, origina o sofrimento narcísico.

Que tipo de sofrimento é esse?

Para Roussillon, é o sofrimento ligado às experiências emocionais traumáticas que não puderam ser integradas ao eu. Ficaram clivadas. Por isso, continuam assombrando o sujeito em seu cotidiano em busca de simbolização. A cada vez que uma situação atual evoca a situação traumática, o sujeito "pula", ele se retraumatiza. Esta é a leitura dele da compulsão à repetição na segunda tópica: é uma compulsão a simbolizar e a integrar a própria história emocional.

Entendi. Então, na segunda metapsicologia, não se trata de levantar o recalque, mas de diminuir as clivagens. Conforme as experiências vão sendo simbolizadas e integradas, as clivagens vão diminuindo, e o eu vai "advindo", quer dizer, vai nascendo.

Além disso que você disse, que está certíssimo, o analista vai trabalhar com as identificações narcísicas que se constituem a partir da sombra do objeto. Aqui também o eu precisa advir, quer dizer, conseguir se separar dos aspectos do objeto com os quais ele ficou enroscado. Por isso, Roussillon completa a máxima freudiana propondo o seguinte: "Onde era o isso e o supereu, que advenha o eu". Vamos conversar primeiro sobre o clivado que vai turbinar o isso, e, depois, sobre as identificações narcísicas que vão constituir o supereu.

Perfeito. Entendo que são processos que acontecem ao mesmo tempo, já que ambos têm a ver com modos de enfrentar a situação traumática. Mas a conversa fica mais organizada se a gente falar de um e depois do outro.

Ok. Então vamos começar com a primeira defesa primária, que é a clivagem.

Para Roussillon (1999), o "ser humano está submetido a um imperativo categórico: tornar-se sujeito daquilo/naquilo em que foi assujeitado" (p. 106). Por isso, ele pensa o desenvolvimento psíquico e o próprio processo analítico em termos de processo de subjetivação.

Você disse que, quando o paciente se retraumatiza, ele "pula". Eu me lembrei de uma paciente, a Marcia. Ela está em análise há pouco mais de um ano. Em todas as sessões ela conta cenas nas quais o marido diz ou faz alguma coisa, e ela pula de ódio dele. Chegou a atirar um prato nele. Ficou assustada, pois acha suas reações descabidas e exageradas. Não entende de onde vem tanto ódio, e não consegue se controlar. Não sabe qual é o gatilho.

Ótimo exemplo do que estamos falando. Aqui temos uma manifestação da pulsão em estado bruto, tanto que ela irrompe de forma impulsiva, incontrolável. Não há um eu-sujeito que faz uma escolha: "vou atirar um prato nele". Há uma passagem ao ato não subjetivada, quer dizer, não é bem ela que atira coisas, embora seja ela. É por isso que se assusta: porque não sabe de onde vem "isso". Vem, justamente, da instância que Freud batizou de Isso – o pulsional em estado bruto, não ligado a representações. Não passou pelo que Roussillon chama de simbolização primária.

Imagino que você vai falar disso daqui a pouco.

Sim, pois é uma das principais contribuições dele. Com relação ao gatilho, algo que o marido disse ou fez evocou, de algum modo, a situação traumática para a Marcia. Por isso falamos em retraumatismo.

Acho que um fragmento de sessão poderia nos ajudar.

Conta que, no fim de semana, teve duas experiências muito parecidas: na primeira, ela teve uma reação normal com ele, mas na segunda teve um piti, chegando a arremessar um prato na pia.

Na primeira situação, o marido estava em Paris a trabalho. Já avisara que só chegaria segunda de manhã, pois pegaria o avião domingo à noite. Às 6 horas da manhã do domingo ele a acorda com um telefonema. Diz que fez uma burrada tão grande que precisava contar para ela, única pessoa a quem poderia confessar isso. O horário do voo era às 0h20 do sábado, e não do domingo. A companhia não pagaria nova passagem, ele teria de comprar outra e voltar de classe econômica, além de ter de ir trabalhar logo depois de uma noite mal dormida. Ela achou graça na confusão, disse que coisas assim acontecem, bola pra frente etc. Poderia ter se irritado com a burrice e com o desperdício de dinheiro – o que, segundo ela, certamente teria sido sua reação em outras circunstâncias –, mas isso não aconteceu. Pelo contrário, quando ele chegou, segunda-feira de manhã, ela foi amorosa e sugeriu que ele dormisse um pouco antes de ir trabalhar.

Na segunda situação, estão analisando o projeto de reforma do apartamento que acabaram de comprar. É a noite da mesma segunda-feira em que o marido havia chegado da viagem. A casa em que moram fora assaltada, e eles resolveram se mudar. Estão analisando a planta elétrica, verificando as tomadas e os interruptores. Percorrem todos os cômodos, até que chegam à futura copa. Uma tomada está num lugar que ele não entende bem. Ela explica que fica atrás do banco que haverá na copa. "Que banco?", ele pergunta. Ela diz que não quer levar aquela mesa e cadeiras, e que o marceneiro vai fazer uma nova com bancos. Então ele começa a berrar, como em uma cena que ela tinha contado na semana anterior. Ela havia doado uma cômoda (sem qualquer valor particular), e ele havia "surtado", gritando que ela ficava distribuindo as coisas deles para os outros, para ele ninguém nunca dava nada etc.

Ela acha que ele surtou por causa de um "pânico irracional de ficar pobre". Mas não adiantou saber disso intelectualmente, porque, quando a cena se repetiu, ela foi tomada de fúria. Começou a berrar ainda mais que ele, dizendo coisas terríveis e atirando um prato na pia. Segundo ela, parecia um hospício. Ela gritava: "suma da minha frente, não aguento olhar para você, você é igualzinho à sua mãe". Ela olhava para ele e não conseguia acreditar que aquele homem "desprezível e irracional" que berrava por causa de uma mesa era o mesmo com quem ia dormir naquela noite.

Efetivamente, vejo uma diferença entre as duas situações (a do voo perdido e a do surto por conta da compra de uma nova mesa). Na primeira, o marido "segura a onda dele", liga para dizer que fez uma burrada. Na segunda, não: ele não consegue se conter e despeja seu ódio em cima dela. Acusa-a de estar torrando dinheiro, o que é uma ameaça de morte para quem tem pânico irracional de ficar pobre. Se ela surta na sequência do surto dele, só pode ser porque essa cena é, de algum modo, análoga a uma situação traumática para ela. Ainda não sabemos que modo é esse... Ou seja, qual é exatamente o gatilho.

Como você disse, é algo que está clivado, não simbolizado, e por isso se repete. E se repete mesmo! Escute só o que aconteceu na sessão seguinte.

Conta que teve um novo surto com o marido. Estavam jantando e conversando agradavelmente sobre vários assuntos. Em algum momento, ela diz que as caçambas já haviam sido retiradas, e que o marceneiro tinha enviado um novo orçamento. Ele pergunta, já com o tom de voz alterado, se ela tinha acrescentado alguma coisa ao orçamento anterior. Aí ela surta. Berrando, diz que não se pode falar de nada com ele, e sai batendo a porta. Ele vai atrás dela berrando também, dizendo que ela parece Dr. Jekyll e Mr. Hyde.

Ela comenta comigo: "estamos no começo de uma reforma; se eu continuar tendo um surto por dia, não vai dar".

Veja, a paciente introduz uma associação que nos ajuda: o pacato Dr. Jekyll vira o monstruoso Mr. Hyde. O marido usa essa imagem para falar dela, mas nós podemos escutar essa associação também em outro sentido: a criança-nela percebe que a figura parental (representada pelo marido) está entrando em surto pelo tom de voz alterado pelo ódio, e fica aterrorizada.

Aqui temos a repetição do mesmo gatilho: o tom de voz do marido alterado pelo ódio. É por isso que ela surta.

Tem razão. A repetição desse tipo de situação no material clínico vai deixando cada vez mais claro que ela tem um objeto interno que, de uma hora para outra, surta e despeja seu "ódio assassino" em cima dela. Sempre de um jeito que a pega de surpresa, pois tem a ver com as angústias dele, objeto, e não com algo que ela tenha feito.

O elemento surpresa é importante. Pois muitas vezes é assim: eles estão conversando tranquilamente, e de repente ela diz alguma coisa que faz ele surtar.

E aí, claro, ela só pode ficar aterrorizada, e acaba surtando também. Ela vai trazendo cenas e mais cenas com esse mesmo "jeitão" porque são elas que precisam ser simbolizadas em nível primário.

O que seria isso?

Os traços mnésicos da situação traumática – que Roussillon chama de traços afetivo-perceptivo-sensório-motores – vão precisar ser transformados em representações da coisa.

E qual é a coisa?

A coisa que aparece em todas as cenas é o ódio assassino da figura parental, seus "surtos", que parecem acontecer – e ter acontecido – com frequência. É isso que faz dessa situação uma situação traumática, e obriga a recorrer à clivagem como defesa.

Tem mais uma coisa muito importante a respeito do traumático. Em *Inibição, sintoma e angústia*, Freud (1926) diz que é sempre uma situação que pega o sujeito de surpresa, desprevenido, sem que ele tenha tempo de antecipar o que vem. Por isso, em vez de estar preparado pela angústia sinal, ele é tomado, invadido e se desorganiza pelo afluxo de angústia automática.

Que interessante! Nas duas situações em que ela surta, é exatamente isso que acontece. Uma, quando está conversando tranquilamente com o marido sobre a reforma. Ela diz alguma coisa sobre o orçamento, e, do nada, ele vira um bicho, sem aviso prévio. E teve uma outra com a sogra, ainda não lhe contei, mas ela também vira um bicho do nada.

Viu como o material clínico traz sempre, repetidamente, elementos que aludem ao traumático? O elemento-surpresa e o susto que ela leva nas duas situações não deixam dúvidas.

E, como eu ia dizendo, Mr. Hyde, o monstro que aparece de repente e a pega de surpresa, já é uma representação-coisa que vem dar sentido ao terror vivido pela criança-nela. A clivagem vai sendo reduzida.

Que bacana! Faz todo sentido! Eu tinha dito alguma coisa sobre o medo que ela sentiu quando ouviu o tom de voz alterado do marido. Ela concorda, e continua dizendo que naquele dia a sogra ligou. Quem atendeu foi sua filha, ela estava do lado. Assim que percebeu que era a sogra, sentiu um embrulho na boca do estômago. Conforme a filha ia respondendo ("não, meu pai não está... sim, ela está"), sua boca foi ficando seca e suas mãos, frias, porque ia ter de falar com ela.

Coitada, a sogra a deixa realmente apavorada! Como se estivesse vendo uma assombração. Ou um monstro. Para ela, a sogra é o próprio Mr. Hyde. Você tem alguma ideia do motivo?

Tenho, sim. Em certo momento, Marcia relembra uma briga terrível que teve com a sogra quando estava grávida do primeiro filho (15 anos antes). Diz que a cena continua tão presente e tão nítida como se fosse ontem. Ela e o marido foram visitá-la. Sempre foi tímida, não é de chegar fazendo festa para os outros, mas é claro que ia cumprimentar a sogra. Só que não deu tempo: com a voz cheia de ódio, a sogra diz que não tolera gente que vai à casa dela e não a cumprimenta.

"Eu senti que ela queria me matar." Com o coração aos pulos, mas sem levar desaforo para casa, Marcia devolveu na mesma moeda: "nem meu pai grita mais comigo, não vai ser a senhora". Virou-se e foi embora. Ficaram três anos sem se falar.

Lindo exemplo de como o traumático faz com que o tempo pare. A cena continua tão vívida como se fosse ontem. Não dá para fazer o luto, impossível deixar pra lá, tocar a vida. Do ponto de vista metapsicológico, tudo isso mostra que a situação não foi subjetivada, não foi digerida, continua latejando como um espinho no pé, como um corpo estranho. Está sempre se reapresentando como atual, infiltra o presente. O traumático continua em busca de "sepultura simbólica" – adoro essa expressão do Roussillon! Só quando é integrado o sujeito pode dizer: "aqui jaz tal experiência".

Ela realmente não esquece nenhum desagravo. Ela menciona até hoje quando o marido, então namorado, aos 18 anos, quis se separar dela porque "era chata". Ele diz que ela lembra tudo porque é rancorosa.

Do ponto de vista do senso comum, é mesmo: não perdoa, não esquece. Do ponto de vista metapsicológico, a ferida narcísica nunca cicatrizou, por isso não para de doer. Então não dá para esquecer...

Mas eu fiquei com uma dúvida. Você está falando do trauma com a sogra?

Para a escuta analítica, a situação que ela descreve com a sogra alude ao trauma precoce. Foi esse trauma precoce que deixou o nervo exposto. Como eu comentei, para sobreviver ao trauma o sujeito precisa se amputar de uma parte de si. Isso é a clivagem. Acontece que o clivado "volta" na forma de fenômenos de cunho alucinatório. Ver na sogra um monstro é uma alucinação produzida pelo retorno do clivado.

Peraí. Tem sogras que são mesmo um monstro! [Risos]

[Risos] Por sorte, minha nora e meu genro gostam muito de mim!

Agora falando sério: há uma enorme diferença entre dizer "minha sogra parece um monstro" e "minha sogra é um monstro". Na primeira fala, o monstro é uma representação da sogra. Você não fica com a boca seca e com as mãos frias. Na segunda, é uma alucinação. Ela *realmente* está vendo um monstro. Um monstro que quer matá-la de tanto ódio. Claro que estamos falando da experiência da criança-nela, para quem a possibilidade de ser morta existe mesmo. Só isso explica que ela fique tão aterrorizada só de saber que a sogra quer falar com ela ao telefone.

Entendo. Então, quando ela conta a situação com a sogra, ela está contando para nós algo sobre o retorno alucinatório do clivado.

Essa é uma contribuição importante do Roussillon porque ajuda a tornar a escuta analítica mais precisa.

Agora, me diga: juntando essa cena com aquelas primeiras que você mencionou, do ódio em relação ao marido, você consegue reconhecer um padrão que nos ajude a reconstruir o jeitão do trauma precoce, e a reconhecer o que ficou clivado?

Consigo. O que se repete é sempre o fato de estar sendo odiada injustamente, por uma acusação na qual ela não se reconhece. No caso do marido, ela está sendo odiada porque, supostamente, ela torra o dinheiro dele. No caso da sogra, ela está sendo odiada porque, supostamente, é arrogante, mal-educada e desrespeitosa.

Concordo com você. É isso que a deixa aterrorizada. Sente que vai ser, ou já está sendo, crucificada injustamente por um crime que não cometeu. Um crime que o objeto primário – aqui representado pelo marido ou pela sogra – atribui a ela projetivamente, mas que tem a ver com o psiquismo dele, objeto.

Ela traz muitas cenas com esse jeitão. Lembrei agora de outro fragmento que, de certa forma, complementa a cena aterrorizante, mas traz um elemento novo.

Quatro meses depois da briga ela deu à luz, e a sogra foi na maternidade. O marido saiu para fazer alguma coisa, ficaram só as duas no quarto. A sogra sentou no sofá e ficou folheando uma revis-

ta. *Marcia imita, na sessão, o gesto e o barulho das folhas sendo viradas de um jeito que dava para ver que a sogra estava com ódio dela.*

Lembro das palavras que ela usou. "Estou lhe contando e escutando o barulho como se tivesse sido ontem. Fazia seis horas que eu tinha feito uma cesárea. Eu estava sentindo dor e tentando digerir a novidade de ser mãe. Não podia sair de lá porque os médicos ainda não tinham liberado. E ela estava no meu quarto me odiando daquele jeito. Não aparecia ninguém para me salvar."

Descrição terrível, mas muito expressiva, da experiência de agonia da criança-nela. Esse trecho é uma representação de um sofrimento atroz, vivido como infinito, na mais absoluta solidão, sem poder recorrer a ninguém: "não aparecia ninguém para me salvar". O traumático tem sempre essa dimensão de abuso e de violência que produz terror e desorganiza o psiquismo.

Escute só o que mais ela disse.

"Não era justo eu ter de aguentar aquilo. Era o meu quarto, eu tinha dado à luz, eu precisava e tinha o direito de descansar. Naquela situação, era ela que tinha de ir embora, mas ficou lá virando as folhas sem me olhar e sem falar comigo."

Aqui fica claríssimo qual é o elemento central ligado ao trauma precoce. A condição de absoluta passivação da criança-nela diante do adulto, que, no momento, nos está sendo apresentado por meio da sogra que impõe sua presença no quarto. Para a escuta analítica, é uma representação da situação de, digamos, abuso de poder.

Mas por quê?

Porque Marcia está descrevendo um uso não consentido do seu espaço psíquico – o quarto da maternidade. Um *abuso*, portanto! Ela está sendo forçada a passar por aquilo. Tinha acabado de dar à luz, não podia sair de lá, não podia fazer nada a não ser se submeter à tortura.

Mas ela podia ter chamado alguém ou posto a sogra para fora! Por que não fez isso?

Cuidado: se a gente disser a *esse tipo* de paciente que ela podia ter feito alguma coisa, ela vai escutar como crítica. Seria como dizer para uma pessoa que sofreu abuso sexual que ela poderia ter gritado.

É mesmo. É uma fala que faria sentido se estivéssemos lidando com um núcleo neurótico de um paciente. Aí sim sua capacidade de escolha estaria preservada. Ela pode escolher entre gritar ou não. Botar a sogra para fora ou não. E a gente pode perguntar por que a pessoa fez o que fez. Com certeza não é o caso de Marcia na situação que eu descrevi. Estamos lidando com seu núcleo não neurótico, não é?

Muito bem colocado! Estou vendo que nossa conversa sobre os núcleos neuróticos e não neuróticos (ver Capítulo 1) foi bem digerida! Se ela não pôs a sogra para fora, foi porque não havia Marcia suficiente para fazer isso. Percebe o estrago do objeto abusador? Ele destitui Marcia da condição de sujeito. Ela fica apassivada. E paralisada.

Tem razão. Gostei desta palavra: passivação.

O termo passividade se opõe a atividade. Mas apassivado é estar assujeitado, que significa não ser sujeito de seus pensamentos e de seus atos.

O que você acha de darmos uma paradinha para um café?

Boa ideia. Depois eu tenho uma proposta: você faz um resumo das ideias de Roussillon que foram aparecendo na primeira parte da nossa conversa. E aí a gente vê que rumo a conversa toma.

* * *

Continuamos?

Retomo, então, aquela ideia central do pensamento de Roussillon. Ele diz que "o ser humano está submetido a um imperativo categórico: tornar-se sujeito daquilo/naquilo em que foi assujeitado" (p. 106). Como vimos, isso significa que a compulsão à repetição é uma compulsão à simbolização, uma compulsão à apropriação subjetiva, à integração de partes da própria história que precisaram ser clivadas para sobreviver à situação traumática.

É uma releitura que mostra a atualidade da máxima freudiana formulada em 1932: "onde era isso, advenha o eu".

Sim, porque faz trabalhar a ideia de clivagem no seio do eu, que Freud formulou em 1938 naquele texto "A cisão do eu no processo de defesa" (1938/2018c). Ele afirma que o eu se deforma para se preservar de experiências dolorosas.

Se amputa de partes de si, como estávamos discutindo...

E essa defesa resolve o problema em curto prazo, mas paga-se o preço. O eu sofre justamente daquilo que foi percebido, mas não chegou a ser vivido, experimentado, pensado – ou seja, daquilo que nunca foi consciente. É isso que Roussillon chama de "o negativo da própria história". São justamente as partes do eu que precisam advir, vir à luz, nascer.

Então ele dá importância à história. Suponho que seja uma história mais emocional que factual.

Primeiro precisamos nos alinhar com relação ao que seria a história emocional. São os acontecimentos como foram vividos, registrados, interpretados e "teorizados" com os recursos psíquicos que a criança pequena tinha na época.

Por exemplo: "meus pais tiveram um segundo filho porque eu não era o que eles esperavam".

Ótimo exemplo. Há um acontecimento: "tiveram o segundo filho". Há uma interpretação emocional dos fatos: "porque eu não era o esperado". Resultado: uma história emocional.

Mas atenção: há situações em que a possibilidade de interpretar o que quer que seja fica absolutamente bloqueada.

Você se refere à situação traumática?

A própria. Ela é tão disruptiva que a intensidade do estímulo produzido pelo acontecimento ultrapassa em muito a capacidade da criança de "teorizar" a respeito. Nenhuma interpretação dos fatos é possível. O processo que Roussillon chama de simbolização primária é interrompido.

Me lembro que em outra conversa você me explicou que o processo de simbolização tem duas etapas (Minerbo, 2016, Capítulo 3). Você usou como metáfora a transformação de espiga de trigo em pão. A simbolização primária transforma as espigas em farinha. E a simbolização secundária transforma farinha em pão.

Vejo que a imagem a ajudou a se apropriar desses conceitos! Fico feliz com isso.

Ajudou mesmo.

A criança que acha que "os pais tiveram um segundo filho porque ela não era o esperado" já conseguiu fazer a simbolização primária, porque, bem ou mal, tem sua "teoria", sua interpretação sobre a "tragédia" que lhe aconteceu.

Concordo. Em análise essa interpretação precisará ser desconstruída para dar lugar a outras.

O fato é que, quando a simbolização primária é bloqueada pela intensidade dos estímulos da situação traumática, o registro do acontecimento histórico permanece na forma de espigas – os traços mnésicos da experiência. Não vira farinha. E depois, quando uma situação cotidiana análoga ao traumático "desperta" esses traços, eles retornam alucinatoriamente.

E para quê? Só para assombrar a pessoa? [Risos]

Assim como a gente não consegue assar as espigas sem antes transformá-las em farinha, o psiquismo só consegue trabalhar com representações. Então, para se tornar sujeito daquilo em que você foi assujeitado, para se apropriar da própria história, é imperioso transformar os traços mnésicos em representação-coisa.

Entendo. O alucinatório corresponde à re-apresentação dos traços mnésicos da experiência traumática na esperança de poder transformá-los em representação. É esse o imperativo categórico.

Exatamente. Voltando à história emocional, esses traços não chegaram a ser teorizados/interpretados pela criança, justamente porque a simbolização primária foi interrompida. Ficaram clivados.

O eu continua assujeitado ao que lhe aconteceu na época, quando não conseguiu entender, nem fazer nada a respeito do que lhe acontecia. Como Marcia, que fica paralisada quando alguém a vê como "do mal". Por exemplo, a sogra com ódio dela na maternidade.

Maravilha! Então, o retorno alucinatório do clivado, transferido para a cena com a sogra, nos "mostra", na forma de assombração, o que de fato aconteceu, mas nunca pôde ser pensado. O alucinatório está muito próximo do acontecimento histórico ainda em estado bruto. É um fenômeno ligado ao funcionamento psicótico da mente. Ao contrário da fantasia, que, mesmo se apoiando sobre os fatos, é um produto, uma criação, do trabalho psíquico. A fantasia já é farinha, enquanto os fenômenos da ordem do alucinatório são espigas.

Acho muito importante essa diferenciação que Roussillon faz entre fantasia e alucinatório (1999; 2001; 2002). Ainda hoje muitos colegas tendem a interpretar tudo como fantasia. Mas são fenômenos que apontam para terrenos psicopatológicos bem diferentes entre si.

Precisei escrever o livro *Neurose e não neurose* (2009) justamente para me ajudar a reconhecer com mais clareza esses dois terrenos.

Eu li e achei muito útil. Então, quando um neurótico diz que sofreu abuso, a escuta é uma. Quando um não neurótico diz a mesma coisa, a escuta tem de ser outra. A diferença é que no segundo caso ainda estamos lidando com as espigas...

Só para complementar: a diferença entre fantasia e alucinação é a mesma que existe entre o relato de um sonho e o relato de um pesadelo. O primeiro está sob o regime do princípio do prazer. O segundo, sendo um sonho de angústia – na época de Freud (1920) era comum entre pessoas que voltavam da guerra –, aponta para o traumático. Tanto que, nesse segundo caso, a pessoa acorda apavorada, com o coração batendo, como se estivesse de fato revivendo uma experiência de horror.

Ou seja, confundir o alucinatório com uma fantasia é um equívoco que vai embolar o meio de campo transferencial...

Com certeza. O assunto é tão importante que vale a pena trazer mais uma precisão metapsicológica para nossa conversa. A pessoa não alucina em cima de nada. Não é só "coisa da cabeça dela". Não é mera projeção. Para confundir a realidade atual com uma situação mal-assombrada do passado, é preciso que a realidade de "fora" seja compatível, que tenha o mesmo jeitão, daquilo que aterroriza "dentro". Marcia precisa de uma sogra, ou de um marido, que realmente a vejam como "do mal", e que sintam mesmo ódio dela num dado momento.

O interessante é que, para Roussillon, tudo acontece entre dois sujeitos, tudo é intersubjetivo. Marcia projeta seus fantasmas do passado, mas sobre uma situação atual que tem as características necessárias para "aceitar" a projeção.

Você captou bem. Roussillon resolve o dilema do que veio antes, se o ovo ou a galinha, que dividiu as gerações anteriores de psicanalistas. Vieram juntos. A situação atual tem características reais que *acordam* os fantasmas do passado, e estes, ainda insepultos, infiltram a situação atual, tudo isso em relação dialética, intersubjetiva.

Nesse sentido ele é absolutamente contemporâneo. E dá todos os créditos a Winnicott. Afirma que, ao propor o conceito de espaço transicional, esse autor realizou uma verdadeira revolução epistemológica. Roussillon faz uma releitura de todos os processos psíquicos levando essa ideia às suas últimas consequências.

Só agora estou me dando conta da abrangência da obra dele.

Pois é. Um exemplo. Estávamos falando da alucinação. Se você usa esse termo, você acaba trabalhando com a ideia de que é algo que "pertence" unicamente ao sujeito. Mas se você fala em *percepção alucinatória*, fica claro que esse fenômeno se produz no espaço entre a subjetividade e a realidade efetivamente percebida.

É um paradoxo.

Exatamente. Ovo ou galinha? Ambos!

Reconheço aqui o ursinho de pelúcia tão amado pela criança! Ele tem elementos de realidade, já que ele existe, é peludo e gostoso. E é uma criação da cabeça da criança, pois o ursinho não é a mãe, mas uma representação psíquica da mãe. Nesse sentido, o ursinho é uma alucinação do bem, mas a clínica mostra que há também alucinações do mal. Ambas são fenômenos do tipo criado-achado.

O material que você trouxe mostra que Marcia distingue claramente uma situação comum – o marido que liga para dizer que fez uma burrada – de outra mal-assombrada – que a leva a atirar o prato na pia. O problema é que ela não consegue reconhecer qual é o elemento que torna a segunda mal-assombrada.

O trabalho analítico deverá ajudá-la a reconhecer qual é o "gatilho" que desencadeia o surto, dando alguma inteligibilidade ao seu sofrimento.

Acho que agora sou eu que estou precisando de um cafezinho. Podemos fazer mais um intervalo?

Podemos, claro. Acho que conversamos o suficiente sobre a clivagem, que é uma das defesas primárias usadas para lidar com o sofrimento precoce. Depois do café eu quero lhe falar de uma segunda defesa primária: a identificação com o agressor.

* * *

Pronto. Retomamos?

Por que você fala em defesa primária? Existe defesa secundária?

Boa pergunta. Uma defesa primária é acionada automaticamente para acabar com a angústia. É uma tentativa de cortar o mal pela raiz. E em curto prazo até que funciona, pois a experiência angustiante é negativada, some da consciência, torna-se inconsciente. Só que tanto o clivado como a identificação com o agressor – a outra defesa primária de que falaremos agora – não ficam quietos no inconsciente. Eles "voltam", seja na forma alucinatória, seja na forma de comportamentos. E trazem junto a angústia que os originou. O sujeito se retraumatiza, como enfatizei antes. Nesse momento são acionadas defesas secundárias. As passagens ao ato, especialmente certas formas de violência, as adições, os comportamentos perversos são exemplos de defesas secundárias.

Ah, entendi. É por isso que não adianta muito o analista tentar enfrentar esses sintomas. É mais importante acessar a angústia que está por trás deles.

Exato.

Bom, então agora vamos à identificação com o agressor.

Roussillon (2002; 2008b; 2012/2013) usa o modelo da melancolia para falar desse outro tipo de defesa primária. A identificação com agressor, termo cunhado por Ferenczi (1929/2011b) quando escreveu *A criança mal acolhida e sua pulsão de morte*, é a identificação com a sombra projetada pelo inconsciente do objeto. Podemos depois conversar sobre o supereu cruel (ver Capítulo 4), pois você vai ver como essas ideias de Roussillon me ajudaram a pensar sobre como se constitui essa instância.

O tema já estava na minha lista! [Risos]

Anna Freud também falou em identificação com o agressor. Lembrei da minha sobrinha brincando de professora com as amiguinhas. Ela as trata com enorme rigor, e mesmo com crueldade. Rasga a lição, põe de castigo no canto da sala, humilha as pobres alunas. Certamente está repetindo algo que ela mesma viveu. Está identificada com o agressor.

Excelente exemplo. É isso mesmo. Em vez de lutar contra a figura parental, que é infinitamente mais forte, a criança se defende acolhendo essa figura no âmago do eu, e se tornando igual a ela.

Mas afinal: o que é a "sombra do objeto"?

Na interpretação de Roussillon, a "sombra" tem a ver com as falhas da *função reflexiva* do objeto (2008c).

Agora vou precisar de explicação.

Para que o sujeito consiga se perceber, se escutar, se sentir, se ver, é preciso que o objeto receba, "interprete" e reflita de modo suficiente sua (do sujeito) experiência emocional. Acontece que o objeto é um outro-sujeito, quer dizer, tem uma subjetividade própria, que vai determinar a maneira pela qual ele vai exercer essa função reflexiva.

Isso significa que, a depender do seu próprio inconsciente, o objeto pode funcionar como um espelho "baço", ou como um espelho que distorce as mensagens enviadas pela criança.

Exato. O material clínico mostra que o objeto primário de Marcia falhou bastante em sua função reflexiva. Temos notícias disso por meio do marido e da sogra. Por seus próprios motivos inconscientes, ambos interpretam tudo o que Marcia faz como "do mal".

O problema é que, mesmo quando não tem nada a ver, a criança vai se identificar com a imagem que lhe é refletida pelo objeto. Se este a vê como "do mal", ela vai incorporar essa mensagem, e vai se identificar ao agressor. Vai fazer com o outro o que foi feito com ela.

Essa defesa também é uma espécie de espiga que não foi transformada em farinha?

Bem pensado. Isso mesmo. Os elementos ligados ao inconsciente do objeto são traumáticos, não podem ser metabolizados, e bloqueiam a simbolização primária. O importante é ter em mente que, quando sua sobrinha brinca de professora, ela está em pleno processo de simbolização primária. Ela vê o sofrimento da amiguinha que teve sua lição de casa rasgada, e, graças a essa mediação, faz contato com o próprio sofrimento.

Ela descobre que é assim que ela mesma se sente em certas situações com a mãe.

Nesse primeiro momento, em vez de sofrer, ela se identificou ao agressor. Tanto que trata as amiguinhas com crueldade. O importante é que nesse momento ela está sentindo, pensando e agindo a partir do outro-em-si.

Pode explicar melhor?

Quando o eu está colonizado pela sombra do objeto, ele está alienado de si mesmo. É nesse sentido que o supereu cruel também representa um aspecto ainda não advindo do eu. Ainda não subjetivado.

Sei. Foi por isso que Roussillon acrescentou o supereu à máxima freudiana: onde estava o isso e o supereu, advenha o eu!

Mas atenção: esse supereu severo e cruel não é o mesmo supereu edipiano, neurótico, que tem valor estruturante mesmo quando é excessivamente rígido. Ao contrário: ele ataca com tanta violência que desorganiza o eu (ver Capítulo 4).

Pensando em Marcia, ela me conta cenas em que trata o marido com extrema crueldade. Tanto que ele disse que ela parecia Mr. Hyde. E, quando surta, parece mesmo. Ela também interpreta tudo o que o marido faz como "do mal", mesmo quando é apenas uma limitação dele. Fica com tanto ódio que tem vontade de pular no pescoço dele.

E imagino que em outros momentos ela mesma se odeie e se ataque.

É verdade. É cruel consigo mesma. Não tolera nem fraquezas, nem limitações em si própria. Mas agora entendo que as manifestações desse supereu cruel se originam nestas identificações com o agressor. E que ela está colonizada por uma voz que não é a dela. É a sombra do objeto que fala por sua boca.

Vale a pena reforçar essas ideias.

Não é o eu-sujeito que atira o prato na pia: é o Isso.

Também não é o eu-sujeito que a tortura quando comete alguma falta: é o supereu, ou seja, a presença não metabolizada do outro no interior do sujeito.

Nos dois casos faltou a simbolização primária, condição para que o processo de subjetivação pudesse prosseguir.

São espigas de tipos diferentes!

No caso do Isso, são as pulsões em estado bruto.

No caso do supereu, são elementos do inconsciente do objeto que foram incorporados na forma de identificação com o agressor.

Mas os dois tipos precisam virar farinha para que a vida seja mais possível, mais leve, com menos sofrimento desnecessário.

Segundo Roussillon (2001; 2008b), analisar o supereu cruel envolve reconhecer sua origem, o que inclui o supereu das próprias figuras parentais. Isso é necessário para desconstruir seus aspectos alienantes e para "rebaixar suas pretensões", como diz Freud na conhecida passagem de *Mal-estar na civilização* (1930/2010f).

Bom, acho que com isso nossa conversa está chegando ao fim...

Ok, mas antes veja se entendi as duas defesas primárias. Gostaria de resumir com minhas próprias palavras.

Tomando o autismo como modelo, o eu se amputa de partes de si para sobreviver. São as clivagens que vão turbinar o Isso. O clivado retorna como percepção alucinatória e com a violência da pulsão não ligada.

Tomando a melancolia como modelo, o eu se identifica ao agressor para sobreviver. O inconsciente do objeto será incorporado, originando o supereu severo e cruel. O supereu retorna na forma de comportamentos: o eu trata o outro, e a si mesmo, como foi tratado.

Eu não poderia fazer uma síntese melhor do que essa!

Ah, antes de terminar, eu queria completar aquela ideia sobre a ligação entre a passivação e o traumático de que falamos há pouco. É uma interpretação interessante que Roussillon dá àquela ideia de "rochedo do feminino".

Termo que aparece em Análise terminável e interminável *(Freud, 1937/2018b)?*

Sim. Quando Freud se deparou com resistências inamovíveis, ele fez a hipótese de que o limite da análise é o "rochedo do feminino". As resistências estariam ligadas ao horror que os homens, mas também as mulheres, têm em relação à posição de passividade da mulher.

Roussillon interpreta que o feminino não é uma questão de gênero, mas representa a condição de *passividade obrigada* da criança diante da situação traumática. O clivado e o incorporado têm a ver com situações cotidianas vividas nessa "posição passiva feminina".

Esperto! Ele não entra na polêmica sobre o que seria o feminino em si mesmo. Interpreta o texto freudiano em vez de tomá-lo ao pé da letra.

Então vou terminar citando uma frase que resume tudo o que conversamos: "O que se manifesta na transferência diz respeito à zona do traumatismo primário [...] e não retorna como representação, nem como fantasia, mas como elementos afetivo-perceptivo-sensório-motores de natureza alucinatória, ou retorna infiltrando comportamentos e/ou passagens ao ato" (Roussillon, 2001). O paciente vai relatar como atuais elementos que nos dão um testemunho do trauma, e a partir dos quais a zona traumática poderá ser reconstruída para poder ser integrada.

Muito interessante!

Marion, estou atendendo uma paciente melancólica. Não entendo de onde vem tanto ódio do supereu contra o eu. Confesso que estou um pouco perdida. Você comentou que poderíamos conversar sobre esse tema, que, aliás, já estava na minha lista. Podemos fazer isso na próxima conversa?

Trabalhar com o supereu cruel é um grande desafio para todos nós. Andei pensando umas coisas a respeito. Podemos conversar sobre isso, sim.

4. O supereu cruel

Olá, AnaLisa, sobre o que você gostaria de conversar hoje?

Olá, Marion. Queria conversar sobre o supereu cruel. Explico. Estou atendendo uma paciente que tem um núcleo melancólico importante. Estou achando bem difícil. Não consigo entender de onde vem a crueldade com que o supereu ataca o eu, levando essa moça ao desespero. Vou fazer um resumo do caso, só para lhe mostrar do que estou falando.

Perfeito! Excelente tema. Muito necessário para a clínica de todos nós. Vamos lá.

É uma moça bonita, inteligente, talentosa. Mas sofre de um sentimento de inferioridade impressionante. Autoestima abaixo de zero. Tem vergonha de ser quem é, tem vergonha de sua origem simples, vive com medo de ser desprezada pelos outros. Acabei entendendo que é por isso que está sempre tão bem vestida, cada vez com uma roupa nova, tudo combinando. Deve ser ultracompetente no traba-

lho, pois se esfola tentando ser perfeita, supostamente para não perder o emprego.

Já entendemos que são jeitos de tentar compensar o quanto se sente menos que todo mundo. Mesmo assim, evita o contato com as pessoas. Foge, se esconde do mundo. Paradoxalmente, chega a parecer arrogante. Acabamos percebendo que não são os outros, mas ela mesma que se julga uma porcaria. E isso desde que se conhece por gente. Sempre em diálogo com uma voz interna – a voz do supereu cruel – *que simplesmente não vai com a cara dela*.

Sei. Ela sofre de *autobullying*.

Isso. Ela se acusa de ser mesquinha e egoísta, de ser preguiçosa, de ter dito ou feito alguma coisa inadequada, de ser um peso para os outros. Usa qualquer pretexto para cair matando, para se acusar de não ser o que deveria ser, que não é digna de ser amada. Com esse barulho todo na cabeça, não consegue produzir, então se acusa também de ser um fracasso como profissional. O que só aumenta esse barulho de fundo.

A voz do maldito supereu é tão massacrante que, muitas vezes, ela não tem forças para levantar da cama. Está, literalmente, na lona. Com o eu em frangalhos, não consegue ter prazer com nada. Não sabe o que é alegria, e vai se arrastando pela vida, sem esperança de conseguir ver luz no fim do túnel. Já me disse que pensa em se matar. Não que ela queira morrer. E aqui vem o que é mais cruel e desesperador: inconscientemente, ela acredita que, se conseguisse deixar de existir, finalmente mereceria o amor do supereu cruel. Enfim, confesso que não sei mais por onde ir.

São casos bem difíceis mesmo. Imagino que você já tenha tentado se contrapor ao supereu cruel se oferecendo como supereu benevolente, tolerante e acolhedor.

[Risos] Tentei, mas não funcionou.

E vai dando um sufoco e uma sensação de impotência frente a tanto sofrimento. Quando o narcisismo do analista sofre, a impotência pode virar raiva. Por isso, não é incomum ver colegas interpretando o gozo masoquista – "se você sofre, é porque você goza com isso" – ou então o sadismo do paciente em relação ao analista.

Tomei cuidado para não atuar minha contratransferência negativa. Sinto que o que me falta é alguma teoria sobre como o supereu se constitui. Claro que já li e reli Luto e melancolia *(Freud, 1917/2010d). Mas, honestamente, não me ajudou tanto na clínica.*

Claro, é um texto mais metapsicológico. Necessário, mas não suficiente. Você deve ter sentido falta de articular a metapsicologia com a clínica.

Veja só. O supereu ataca e desorganiza o eu em três figuras da psicopatologia psicanalítica:

1) No *funcionamento melancólico*, o embate entre supereu e eu se dá principalmente no plano intrapsíquico ("sou um fracasso, um ser desprezível, indigno de amor").

2) No *funcionamento paranoico*, o sujeito se identifica ao supereu e coloca o outro no lugar do eu, tratando-o com a mesma crueldade com que o supereu trata o eu na melancolia ("você é mau, um ser desprezível, não merece o meu amor").

3) No *funcionamento masoquista*, o sujeito "convoca" o outro por identificação projetiva a se identificar com o supereu cruel e a massacrá-lo ("sou culpado, sou mau e desprezível, mereço ser punido").

Puxa, é uma instância que está em todas! [Risos] Não só na melancolia, como eu pensava.

Por isso mesmo é um tema tão importante!

Para mim, a grande incógnita é o ódio que o supereu tem do eu. A clínica mostra que ele realmente quer destruir o eu. De onde vem isso? Se não me engano, para Melanie Klein (1932/1975), o supereu primitivo resulta da internalização do objeto atacado pelo sadismo da criança. Sadismo que, para ela, é constitucional. Mas e aí, o que dá para fazer?

Na época, os autores ainda não trabalhavam com a noção de intersubjetividade. Ainda não havia espaço para pensar o objeto como um outro-sujeito, isto é, como tendo um inconsciente. Hoje sabemos que não só a criança, mas também a mãe, é movida por suas pulsões e identificações inconscientes. É a criança-na-mãe. E isso certamente afeta a constituição do supereu da geração seguinte.

Quando li *Le transitionnel, le sexuel et la réflexivité*, de Roussillon (2008c), fiquei impactada por um trecho que me remeteu às minhas intuições sobre os elementos-beta tanáticos – termo que eu havia proposto em 2010 (ver Capítulo 1). Está aqui, na página 208. Vou ler e traduzir para você. É um pouco longo, mas vale a pena:

> *Embora Freud não tenha tratado explicitamente dos efeitos de um ambiente hostil sobre a psique em formação, embora ele tenha sempre postulado um ambiente*

> *inicial "suficientemente bom", em vários momentos ele deixa entrever, em suas metáforas biológicas e sociais [...], que os primeiros tempos da psique poderiam ter sido marcados pela necessidade de responder a uma ameaça de morte vinda de fora. Será que a morte poderia provir também do primeiro objeto, dos primeiros objetos parentais? Poderia ela provir do ambiente primário, na forma de movimentos, ou votos, de morte, ou até mesmo de atos violentos? E, no entanto, isso que é difícil de se conceber teoricamente pode ser encontrado na clínica em que os objetos podem não ser suficientemente bons, seja porque são falhos, seja porque são ativamente destrutivos (Roussillon, 2008c, p. 208).*

Em seguida ele cita o artigo de Ferenczi "A criança mal acolhida e sua pulsão de morte". E continua:

> *Na clínica dos momentos melancólicos percebi com frequência que os movimentos suicidas (ou as tentativas de aniquilamento do self, que são clinicamente próximas desses movimentos), provenientes de dentro, como se fossem efeito de uma pulsão de morte, eram herdeiros diretos de antigos movimentos originados nos objetos maternos ou paternos, interiorizados, incorporados. Como se o sujeito, numa forma extrema de amor desesperado, tivesse que se fazer desaparecer para satisfazer o objeto (Roussillon, 2008c, p. 208).*

E conclui na página seguinte: "As clínicas do objeto assassino, e de seus efeitos sobre a pulsão de morte do sujeito, continuam pouco esclarecidas, e há toda uma parte dessa clínica observável da pulsão de morte que precisa ser explorada" (Roussillon, 2008c, p. 209).

Incrível! Realmente, ele aponta para um campo fundamental da psicopatologia que tem sido pouco explorado.

E foi justamente o que me pareceu estar na origem do supereu cruel: os microvotos de morte provenientes do aspecto paranoico da figura parental.

Voltando à teoria kleiniana, ela não tinha como pensar tudo isso. Como é importante ter uma noção da história do pensamento psicanalítico!

E, em particular, uma história dos conceitos. Veja só: em Freud, encontramos duas acepções distintas sobre a origem do supereu. De um lado, ele é apresentado como instância gestora e legisladora do desejo e do prazer. É o herdeiro do Édipo (1923/2011b), que se manifesta na clínica como *culpa neurótica*.

Sim, eu sei. Mesmo quando ele extrapola um pouco, ou muito, é necessário e estruturante. Não parece ser o caso da minha paciente.

E não é mesmo. O termo supereu aparece também na melancolia. Ali, Freud entende que ele é resultado da identificação do eu com a sombra do objeto (1917/2010d). É uma instância que planta suas raízes no isso e extrai sua força das pulsões de morte (1923/2011b).

A clínica mostra que esse supereu – Freud o denomina *severo e cruel* – tem características *psicóticas*: ele não critica algo que o sujeito fez, como o herdeiro do Édipo, mas ataca, desqualifica e destrói aquilo que ele é.

Aqui, sim, eu reconheço minha paciente. Aliás, nunca entendi bem o que significa "a sombra do objeto"...

Boa pergunta. O que, exatamente, "cai sobre o eu", levando às identificações que constituem o supereu cruel? Para mim, é a sombra projetada pelo *inconsciente* do objeto. Vamos falar disso logo mais. Por enquanto, vamos retomar a história porque quero chegar a Ferenczi, que fez uma contribuição indireta ao tema.

Como você disse, para Melanie Klein (1932/1975) essa instância está diretamente ligada à presença e atuação, desde o início da vida, de uma pulsão de morte inata. A criança se defende dessas angústias primitivas projetando seu sadismo e destrutividade no objeto. Este passa a ser visto como um objeto mau, persecutório. Como para ela o psiquismo se constitui por um movimento de projeção/introjeção, esse objeto mau vai ser internalizado, originando o núcleo desse supereu.

Podemos abrir um parêntese rápido? É que eu não queria continuar sem antes entender melhor a diferença entre pensar em termos de interjogo de projeção e introjeção, ou de intersubjetividade.

Ok. É importante mesmo. Vou lhe mostrar como o inconsciente do objeto está presente desde o início na interação com o bebê. Quaisquer que sejam os movimentos pulsionais iniciais do bebê, eles serão *interpretados* pela mãe. E ela vai responder – ela só pode responder – a eles a partir de como ela os interpretou.

Como assim? Não existem bebês objetivamente mais vorazes do que outros?

Aí é que está. O termo "voraz" já é uma interpretação. É um adjetivo, aliás claramente pejorativo.

Vamos pensar intersubjetivamente: imagine um bebê que mama de forma *vigorosa*. É um significante ainda sem significado. O vigor ainda não é nem um defeito, nem uma qualidade. É um fato ainda virgem, sem interpretação. Ora, o jeito como o "vigor" vai ser interpretado depende inteiramente do inconsciente materno. Por isso, cada mãe vai se relacionar com a mamada vigorosa de um jeito completamente diferente. Desde o início!

Humm...

Uma mãe que, por suas questões inconscientes, tem medo de ser esvaziada, vai interpretar o vigor como voracidade. Para ela, esse bebê já nasceu "do mal". É um pequeno vampiro.

Outra mãe, que não tem esse medo, vai interpretar o mesmo vigor como "garra para a vida".

Ah, e para essa mãe o bebê veio ao mundo com grandes competências!

Percebe que nem a voracidade, nem a garra, são constitucionais? Elas parecem ser inatas porque, assim que o bebê nasce, a mãe já sai interpretando tudo o que ele faz – e também o que ele não faz. É assim que o destino das identificações começa a ser inscrito na carne da alma: um vai se representar como "sou voraz"; o outro como "tenho garra".

Estou simplificando, é claro. O pai interpreta, a avó interpreta, a criança tenta interpretar a interpretação da mãe, do pai etc. Para mim, é importante relativizar a questão constitucional quando estamos tentando entender a origem do supereu cruel.

Então, se é que entendi, os bebês são diferentes, mas isso importa pouco, pois o que vai acabar valendo mesmo é a interpretação que a mãe deu àquilo que viu e viveu.

Isso. Sintetizando: as identificações – e, entre elas, as que vão originar o núcleo psicótico que denominamos supereu cruel – se constituem sempre *entre* algo que vem do bebê e algo que vem da mãe. Quando pensamos em termos de intersubjetividade, temos em mente que quando duas subjetividades se encontram, elas se transformam reciprocamente. É isso que está ausente quando se pensa em termos do interjogo de projeção e introjeção que você havia mencionado.

Realmente, é bem diferente de supor que haja uma voracidade inata, "objetiva", que será projetada, e depois reintrojetada.

Putz, acabo de lembrar que desviei você de Ferenczi! Era para ser só um breve parêntese... Você queria falar da contribuição indireta dele, lembra?

Não tem problema. Era nessa linha mesmo. Só para fechar o parêntese, quando a gente tem uma teoria que considera a construção intersubjetiva do supereu, abre-se um espaço para ele ser desconstruído em outra relação intersubjetiva, que é o campo transferencial-contratransferencial.

Ah!

Ferenczi foi o primeiro autor que tomou em consideração o inconsciente do objeto. Ele não se ocupou diretamente do supereu cruel, como Melanie Klein, mas colocou o inconsciente parental no centro da constituição, não só do psiquismo como da própria pulsão de morte (1929/2011b). Que, para ela, é constitucional (1932/1975).

Então, se voltarmos a Klein e ao sadismo do bebê, teríamos de nos perguntar: se ele é excessivo – e a clínica mostra que nos casos mais graves é isso mesmo –, de que modo o objeto contribuiu para isso?

Perfeito. Nessa mesma linha, Marta Rezende Cardoso (2002), colaboradora de Laplanche, propôs considerar o supereu cruel como um enclave psicótico constituído por aspectos inconscientes, e portanto *não metabolizáveis*, da alteridade do objeto.

Mas quais seriam esses aspectos?

Ela não diz. Pelo menos não nesse livro. Aí entra a minha contribuição ao tema. Vou resumir a conclusão do meu percurso, para depois detalhar o passo a passo.

Um spoiler! [Risos]

[Risos] Para mim, o supereu cruel é um núcleo não neurótico (psicótico) específico que se organiza no *infans* em resposta aos momentos de funcionamento paranoico do objeto primário. Na nossa primeira conversa (ver Capítulo 1) já falamos em núcleo neurótico e não neurótico, lembra? De certa forma, essas ideias são uma continuação daquelas.

Lembro, sim. E o que seria esse funcionamento paranoico?

Basicamente, o outro – em sua alteridade – é vivido como ameaça, e por isso é hostilizado. O importante, para a constituição do supereu cruel, é que, nos momentos de funcionamento paranoico, a mãe pode ver o bebê como ameaça ao seu narcisismo. Por exemplo, quando o bebê chora sem parar e ela não sabe o que fazer. Como não pode aceitar que não sabe o que está acontecendo (o supereu dela cairia matando), acaba acusando o bebê de ser um mau bebê. E o hostiliza por isso. Mas tudo isso é inconsciente para ela.

Mas o bebê é apenas um bebê!

É verdade... mas isso não impede que ela faça uma transferência negativa com ele. Vai confundir o bebê com seu próprio objeto interno "do mal", e vai hostilizá-lo. Veja a "sombra do objeto" caindo sobre o eu do bebê! Ele não tem como metabolizar essa hostilidade.

Poderia dar outro exemplo?

Claro! São coisas que acontecem todos os dias debaixo do nosso nariz. Só que, em função da nossa idealização do amor materno, não conseguimos falar abertamente dos momentos de ódio filicida!

Uma criança de 2 anos entra correndo na sala e derruba um vaso, que se espatifa no chão. Por azar, é o vaso que a mãe ganhou de presente da avó muito querida. Tomada de fúria, a mãe avança berrando: *"Você quer me deixar louca!"*.

Nossa, de onde vem tanta violência?

Pois é. Talvez ela tenha sentido que a criança estava destruindo o que ela tem de mais precioso. Não só o vaso, mas também o amor da avó por ela. A criança virou sua inimiga. Com certeza fez aquilo "contra ela". E então a mãe avança babando de ódio assassino.

Que exagero!

Não é exagero. Durante alguns segundos, a mãe surta de verdade. Depois ela se recupera, se recompõe, e volta a ser a mãe amorosa de sempre.

Imagino o terror da criança que vê sua mãe subitamente transformada num monstro...

Enfim, eu nunca tinha pensado nisso. Você tem razão. É uma cena tão banal que nem parecia merecer atenção. Crianças derrubam vasos e mães surtam. Simples assim.

O problema é que, quando se repetem demais, essas cenas deixam marcas.

E nada disso se vê a olho nu.

Verdade! Ser psicanalista tem esse problema, mas que é também um privilégio: enxergamos as engrenagens da alma. Tudo isso é tão importante que vou repetir: durante alguns segundos, a fronteira sujeito-objeto se desfaz, e a mãe – a criança-nela! – confunde seu filho com seu próprio objeto interno mau. É um bom exemplo do que chamamos de identificação projetiva. Por alguns segundos, ela o vê, transferencialmente, como um inimigo que quer destruí-la e se sente ameaçada. Durante esse tempo, ela o odeia. E quer destruí-lo. Naquela conversa sobre núcleos neuróticos e não neuróticos (ver Capítulo 1), eu propus o termo elementos-beta tanáticos. São microvotos inconscientes de morte.

É um pouco chocante pensar nisso. Estamos mais acostumados a ver manifestações de amor e carinho dos pais em relação aos filhos...

Tem razão, AnaLisa. Mas atenção: amor é diferente de paixão amorosa. Esta última é o exato simétrico da paixão odiosa, que acabamos de ver. A paixão amorosa tem a ver com idealização, que não deixa de ser também uma confusão sujeito-objeto: os pais estão projetando nos filhos os próprios aspectos infantis idealizados. Freud falou disso na "Introdução ao narcisismo" (1914/2010b). *Transferem* para o bebê a perfeição ligada ao próprio narcisismo. É por isso que se apaixonam por ele. No amor não temos essa confusão sujeito-objeto: o outro é o outro, com suas qualidades e defeitos.

Entendo. O mecanismo envolvido na paixão amorosa é igual ao da paixão odiosa. Num caso o bebê é confundido com a perfeição narcísica dos pais; no outro, com seus objetos internos "do mal".

Pois é. Claro que a paixão amorosa é fundamental para a construção da autoestima da criança. Já a paixão odiosa – é bom lembrar que tudo isso é inconsciente – terá repercussões negativas na autoestima. Você comentou que sua paciente melancólica tem autoestima abaixo de zero.

Começo a entender por que você relaciona esses momentos de microssurtos paranoicos com o supereu cruel. É o mesmo ódio...

Isso mesmo. Você queria saber a origem do ódio com que o supereu ataca o eu. Aqui temos uma resposta inicial: é a internalização do ódio que provém do aspecto paranoico da figura parental. Como isso não pode ser metabolizado, acaba formando um enclave psicótico, de que fala Marta Rezende Cardoso (2002). Mais para a frente falarei também do ódio que a criança acaba sentindo em relação à figura parental que esmaga sua alteridade. Juntos, vão turbinar o supereu.

Ainda bem que as correntes de amor e ódio se alternam, né? Fiquei com pena do menino que quebrou o vaso.

Ah, isso me fez lembrar de uma coisa importante. Na cena da criança que quebra o vaso, não havia um terceiro que interviesse com firmeza dizendo, tanto para a mãe quanto para a criança, algo como: "Calma, ele não quer deixá-la louca. Você se esqueceu de que ele ainda não tem coordenação motora? Aliás, o que o vaso da sua avó estava fazendo no meio da sala?".

Isso poderia ajudar a mãe a sair do microssurto psicótico?

Em certos casos, pode ajudar. Em outros, o pai também será acusado de estar "contra ela".

Mas o mais importante é que a criança escutaria uma "segunda opinião" sobre ela. Para a mãe ela é uma coisa, para o pai, é outra. Isso ajuda muito. É bem pior quando as duas opiniões coincidem, ou quando não há ninguém para dar a segunda opinião.

Imagino que em muitas situações não é a mãe, mas o pai, que tem esses microssurtos. Pelo menos eu conheço um pai que é exatamente assim, como você descreveu. A mãe tem tanto medo dele que não consegue fazer a função do terceiro. Ele a acusa de estar mancomunada com os filhos, e aí ela fica quieta.

Tem toda razão. Isso é muito comum quando a mulher é muito dependente do marido. Ela tem medo de confrontá-lo. A criança fica sozinha. Não tem ninguém para protegê-la dos microvotos de morte que provêm da pessoa que está tendo um microssurto paranoico.

E quando ela sai do surto?

Muitas vezes, nem se lembra da violência com que atacou a criança. Há uma oscilação entre posição esquizoparanoide e depressiva...

Oscilação?

Sim, uma mudança no "modo" de funcionamento psíquico, como o celular, que entra e sai do "modo avião". A mudança de "modo" é tão intensa que é como se fossem pessoas diferentes.

A criança percebe tudo.

Percebe e registra tudo! Cenas como essa podem ser muito esporádicas. Mas há casos em que se repetem o tempo todo, deixando marcas profundas.

Imagino que quando o "modo paranoico" é sistemático, o superreu vai se tornar muito mais cruel.

Verdade: quanto mais extenso o núcleo paranoico da figura parental, mais cruel será o supereu que se constitui no psiquismo em formação. E aqui vamos retomar a conversa anterior, sobre algumas ideias de Roussillon (ver Capítulo 3). Ele fala de duas defesas primárias – primárias porque são um recurso que vem de fábrica, pronto para ser acionado em caso de necessidade. E sempre há necessidade, mesmo quando o ambiente é suficientemente bom. São elas: a clivagem da experiência traumática (Freud, 1938/2018c; Roussillon, 1999); e a identificação com o agressor – quer dizer, a incorporação da sombra do objeto (Freud, 1917/2010d; Roussillon, 2002, 2012).

Parece que agora chegamos no coração do nosso tema. Será que podemos falar mais sobre isso?

Claro! Vamos lá. Quando conversamos sobre os núcleos neuróticos e não neuróticos (ver Capítulo 1), eu comentei que, na ausência de função alfa, o objeto primário responde aos movimentos pulsionais da criança com elementos-beta – que são tóxicos e não metabolizáveis pelo psiquismo em formação.

Sim, os elementos-beta tanáticos.

Fico feliz que você se lembre deles! Como eu lhe disse, esta minha hipótese sobre a constituição do supereu cruel é um aprofundamento daquelas ideias.

Como não lembrar? O que você está acrescentando hoje é que esses elementos-beta tanáticos provêm do núcleo paranoico da figura parental.

Verdade. Naquela ocasião eu não falei em núcleo paranoico, mas em rivalidade narcísica. É parecido. No caso da rivalidade narcísica, só um pode ter valor, por isso o rival tem de ser eliminado. Aqui, é menos uma questão de ter valor, e mais a questão de ter o direito de ser outra pessoa – o direito de viver psiquicamente, e às vezes também fisicamente.

Imagino o terror da criança durante o microssurto da figura parental!

Dá para entender que a criança precise recorrer àquelas duas defesas que funcionam juntas!

Completando, então, a minha hipótese: na origem do núcleo psicótico denominado supereu cruel, temos a clivagem dos afetos de terror/ódio em estado bruto, e as identificações narcísicas com os aspectos tanáticos do objeto. Vira um auto-ódio.

Ah, faz sentido. Então, quanto mais intensos os microvotos de morte, maior o terror, maior a clivagem, e mais profunda a identificação com o agressor. Faço a imagem de um núcleo psicótico mais robusto – como um homenzinho atarracado e forte..., além de cruel [risos].

[Risos] E eu faço a imagem do massacre da serra elétrica – lembra daquele filme?

Nossa, bem mais cruel que o homenzinho atarracado! Essas imagens são boas porque me ajudam a dar alguma cara a conceitos metapsicológicos abstratos. E eu consigo ver direitinho aquela minha paciente melancólica, massacrada pelo supereu.

A clínica também ajuda muito a dar carne à metapsicologia. Estava lembrando de um fragmento que pode ilustrar quais são, e como agem, esses elementos-beta tanáticos.

Espero não estar cansando você. Sei que é muita coisa...

Na verdade, estou precisando de um intervalo. Microssurtos, microvotos de morte, ufa, preciso de um pouco de ar! E um chazinho de erva-cidreira....

E eu, de camomila.

* * *

Vamos continuar? Aqui vai o fragmento do qual me lembrei. Não é uma paciente melancólica como a sua. Lembra que eu disse que o supereu tem uma presença muito importante na melancolia, na paranoia e no masoquismo? Pois bem, eu acho que ele pode ser melhor estudado na paranoia. Nesse modo de funcionamento psíquico, o sujeito se identifica ao supereu cruel e coloca o outro no lugar do eu que vai ser massacrado. Reproduz a relação entre a criança e seu objeto primário. Por isso dá para ver melhor a dinâmica intersubjetiva que vai levar à constituição do supereu cruel.

Entendi. Então o fragmento vai mostrar o supereu cruel em ação com outra pessoa.

Mas nós vamos fazer uma escuta em vários níveis. O supereu em ação com outra pessoa, mas também a relação entre a criança-no-adulto e o aspecto paranoico do objeto primário, e também a relação intrapsíquica entre o supereu e o eu.

Meio confuso, mas vamos lá.

Marcia e sua família estavam em férias num *resort*. O filho de 10 anos entra suado no quarto, toma um banho rápido e sai correndo para continuar a jogar futebol com os amigos. Nisso, deixa a toalha molhada jogada no chão. Fervendo de ódio, ela cata a toalha e a pendura no banheiro. Horas depois ainda estava profundamente irritada, sem conseguir curtir as férias. Dirige-se a mim, a analista, num desabafo indignado: "Custava ele catar sua toalha do chão?".

Nossa, por que ela fica com tanto ódio do filho? Não pode ser só porque ele não pendurou a toalha!

Não pode ser mesmo. Outra mãe poderia ver a mesma cena como um descuido, ou como pressa de ir brincar, e não sentiria ódio. É um bom exemplo de como o que importa é como a mãe interpreta o que vem da criança.

E isso sempre tem a ver com o inconsciente dela. Essa ideia fez muito sentido para mim.

Então. Marcia vê ali alguma coisa que toca em um nervo exposto, e a retraumatiza. É por isso que ela pula de ódio. O caráter alucinatório da experiência indica a atualização transferencial de um núcleo psicótico.

Parece até que ela viu alguma coisa mal-assombrada!

Ela viu uma coisa mal-assombrada mesmo! Porque de repente o filho se transformou num inimigo, numa figura "do mal". Na verdade, ela o confunde com uma figura parental internalizada, uma figura do passado. Faz uma transferência negativa com ele.

Qual foi a figura do mal que ela viu?

Boa pergunta. Foi o que eu perguntei a ela. Escute só o que ela me disse: "ele pensa que o tempo dele vale mais do que o meu. Acha que eu tenho que estar à disposição 24 horas. E como sabe que vou acabar pendurando a toalha, ele abusa de mim, me empurra a tarefa que caberia a ele". Ela enfatizava a ideia de abuso. Era isso que a tirava do sério.

Acho incrível visitar o planeta em que vivem as pessoas que nos cercam. Eu nunca pensaria nisso! Fica claríssimo como a cena é inteiramente interpretada a partir do mundo interno dela. Claro que, se ela interpreta assim, ela só pode pular de ódio...

Mas não podemos esquecer que há mesmo uma toalha no chão. E que o filho poderia, sim, tê-la pendurado, já que a toalha era dele. Ou seja, ela não tira a ideia de abuso do nada. A cena que ela viu no quarto "aceita" essa interpretação. O problema é que ela não consegue interpretá-la de nenhuma outra maneira. Tem certeza absoluta de que houve abuso. A toalha no chão era "contra ela". Isso é paranoico!

Então essa é a figura do mal que ela alucina! Mas ainda não entendi bem por que a toalha no chão é a prova irrefutável do abuso.

É bom deixar claro que estamos falando de uma relação abusiva no sentido de abuso de poder. Abuso sexual é um caso particular de abuso de poder.

Abuso de poder...

Veja bem: ela afirma que o filho é um abusado porque o trabalho de pendurar a própria toalha caberia a ele, mas sobra para ela.

A toalha molhada pode ser escutada como uma representação do trabalho psíquico que caberia ao objeto, pois foi ele que tomou banho. É ele que tem de dar um destino à própria "sujeira psíquica" – a toalha molhada. Ela tem certeza de que o filho não faz esse trabalho porque se sente superior, e porque sabe que ela vai acabar cedendo, isto é, vai catar a toalha. Do ponto de vista dela – da criança-nela –, o filho (que representa a figura parental) tem o poder – e a intenção – de forçá-la a trabalhar por ele.

Entendo. É nesse sentido que ele abusa do poder que tem sobre ela.

E não é só isso. Tem mais uma parte importante. No exemplo da criança que quebra o vaso, o trabalho psíquico que cabe ao adulto é, primeiro, ser capaz de conter sua própria angústia. E, em segundo lugar, ser capaz de assumir sua parte de responsabilidade no desastre. Afinal, quem deixou o vaso em lugar impróprio foi ele. Mas o paranoico é incapaz de autocrítica. Então ele se defende pondo a culpa na criança: "*Você [é mau porque] que me deixar louc@!*".

Ela não tem como se defender dessa acusação...

Claro, porque a relação é assimétrica. A criança depende do adulto, o que dá a ele um poder sobre ela. Por isso pode abusar desse poder e passar a conta para a criança: "Não sou eu que não consigo fazer o trabalho psíquico que me cabe, é você que é mau, que quer me destruir, e eu o odeio por isso". Não custa lembrar que tudo isso é inconsciente.

Preste atenção na fórmula: "não sou eu que... é você que... [é mau], e eu o odeio por isso". Sempre que a gente encontra essa fórmula que passa a conta para o outro, precisamos reconhecer as marcas deixadas pelo abuso de poder por parte do núcleo paranoico do objeto primário. Senão, não dá para entender de onde Marcia tira a certeza de que a toalha no chão é prova de abuso. Nem por que ela fica com tanto ódio de ter de pagar a conta que é do filho.

Imagino que isso vai aparecer na transferência com o analista.

Bem lembrado. Vamos imaginar uma situação de impasse. Claro que o narcisismo do analista sofre com isso. Antigamente, era comum acusar o paciente de estar resistindo. Isso antes de começarmos a pensar em termos intersubjetivos. Porque, na verdade, qualquer impasse se cria com a colaboração de dois sujeitos – no caso, paciente e analista. É fundamental reconhecer isso, senão nós vamos repetir a fórmula: "não sou eu que... é você que... e eu o odeio por resistir à análise e fazer meu narcisismo sofrer".

Se é que entendi, o objeto se torna um abusador quando, além de não fazer a sua parte de trabalho psíquico, nega sua parte de responsabilidade, e ainda por cima acusa a criança.

Isso mesmo. Num texto importante, Ferenczi (1933[1932]/2011a) afirma que o elemento traumático no abuso – no caso ele falava de abuso sexual mesmo – é o *desmentido* do adulto. O adulto nega que houve abuso, ou nega sua parte de responsabilidade. Em vez disso, acusa a criança de estar mentindo, ou até de tê-lo seduzido. "Não fui eu que... é você que... e eu o odeio por me acusar de abusar de você".

Nossa, mas isso é muita maldade!

Não exatamente. Quando o desmentido é de má-fé, estamos diante de um adulto perverso, e não paranoico. Na situação que estamos examinando, o desmentido não é de má-fé. Ele tem a ver com as limitações psíquicas do adulto. Em função de suas fragilidades narcísicas, ele *de fato* não tem como pagar a conta – que, no caso, seria se implicar como parte do problema. O paranoico é incapaz disso. Tem pavor de ser acusado e condenado pelo próprio supereu. É o nervo exposto dele. É só por isso que empurra a conta para a criança. Só que ela, com toda razão, se sente abusada...

De fato, estou vendo que não tem mocinho e bandido...

Pelo que estou entendendo, essa fórmula reproduz a voz hostil e acusatória do supereu cruel.

Exatamente. Essa dinâmica hostil e acusatória será internalizada, e a criança irá se identificar com os dois polos da relação intersubjetiva: acusador e acusado. Dependendo do contexto, o paciente estará de um ou do outro lado do balcão. Depois podemos ver mais um fragmento em que Marcia ocupa o lado do abusador, e o marido, do abusado.

Entendo. Você está dizendo que é importante reconhecer que, do ponto de vista do funcionamento inconsciente, todos "têm razão" no que sentem.

Pois é. Como eu disse, o adulto que passa a conta faz isso porque tem pavor de seu próprio supereu. Para não ser condenado, atribui a culpa à criança.

Mas, do ponto de vista da criança, o adulto está sendo injusto e abusando de seu poder. E quem não fica aterrorizado quando é acusado, julgado e condenado com extrema severidade por crimes que não cometeu? Eu entendo perfeitamente que tantos paranoicos se revoltem contra as injustiças da vida, e fiquem brigando por justiça.

Sim... Faz sentido pensar que o adulto só age assim porque ele realmente não tem outro recurso para lidar com a situação. É cruel, mas não é por maldade...

E como eu já disse, na relação assimétrica com a figura parental a criança é a parte mais vulnerável. Quando é forçada a pagar a conta, não tem como recusar. Resultado: vai ter de se virar para pagá-la.

Como? Se ela tem ainda menos recursos psíquicos que o adulto...?

Vai ser obrigada a engolir a acusação goela abaixo. Vai ser obrigada a usar as tais defesas já mencionadas – clivagem do eu e identificação com o agressor – que estão na origem do supereu cruel.

Então acho que agora consigo entender melhor o que você chamou de abuso de poder: é quando o adulto faz um uso não consentido do psiquismo ou do corpo da criança, e ela não tem como impedir. É isso que Marcia vê na cena da toalha. Por isso pula de ódio. Ela confunde o filho com esse objeto abusador, e por isso se retraumatiza.

Perfeito! É claro que a situação de abuso produz ódio na criança. Esse "segundo" ódio, por ter de pagar uma conta que não é dela, também vai turbinar a sanha com que o supereu cruel ataca o eu. O primeiro ódio – lembra? – resultava da identificação da criança com os microvotos de morte do adulto, que se sentiu ameaçado em seu narcisismo e avançou para cima dela.

Dois ódios juntos...O da identificação com os microvotos de morte e o do abuso de poder.

Você disse que Marcia se retraumatiza quando o filho "vira" o abusador. Pode falar um pouco mais sobre isso?

Uma analogia pode ajudar aqui: gato escaldado tem medo de água fria. Se o gato tem medo de água fria, é porque um dia foi escaldado. Já viveu o terror de quase morrer e não está disposto a viver isso novamente.

Sempre que há elementos comuns entre eles, o passado traumático infiltra o presente, ou o presente é interpretado à luz do passado. No passado, ela teve de pagar a conta do objeto primário, incapaz de realizar o trabalho psíquico. Ora, a situação com o filho é análoga. Como ele está com uma pressa louca para brincar, também não pode pagar a conta, que seria pendurar sua própria toalha. Esse é o elemento em comum. Dá um curto-circuito. Passado e presente se confundem. É assim que o filho vira o abusador para a criança-nela.

Interessante. Filho e objeto primário têm em comum a impossibilidade de realizar o trabalho que lhes cabe. Eu não teria pensado nisso. Mas ajuda muito a entender o microssurto paranoico.

Vamos voltar à vinheta clínica? Queria rever aquele trecho em que Marcia diz a você "Custava ele catar sua toalha do chão?". Como você escutou isto?

Eu escutei assim: "Custava meu objeto primário fazer o trabalho psíquico que lhe cabe, em vez de evacuar sua sujeira psíquica para cima de mim? Custava ele dar um destino mais apropriado a seus dejetos psíquicos – sua toalha molhada? Custava ele não me usar como continente para suas identificações projetivas?".

Ela quer o seu testemunho para a cena de abuso?

O problema é que ela ainda não sabe por que, para ela, isso é uma cena de abuso. Não sabe que pulou de ódio porque, lá atrás, teve de pagar uma conta que não era dela. Então eu tentei contar tudo isso para ela. É uma maneira de exercer a função paterna: pôr em palavras o que ela sentiu, mas não conseguiu representar. Acho que a pergunta dela – "Custava ele catar sua própria toalha?" – pode ser escutada como convocação de um terceiro que ainda não existe, e que tem de ser criado na transferência.

Ou terceiro que está apenas esboçado...

Sim, tem razão, nessa altura da análise já está pelo menos esboçado, senão ela nem me perguntaria isso.

Isso é bem importante: uma das funções do analista é usar a transferência para instalar a função do terceiro, sistematicamente ausente da cena de abuso. Ele instala essa função *sendo* o terceiro que não houve na relação do sujeito com os seus objetos primários.

Ele instala a função do terceiro sendo o terceiro, fazendo o que nunca ninguém fez. Puxa, isso é novo para mim!

E para muita gente! O terceiro estará instalado quando Marcia descobrir que uma criança urbana, de férias num *resort*, louca para voltar para brincar com os amigos, não é capaz de perder nem um segundo pendurando sua toalha. Naquele contexto, sua limitação a impede de compreender isso. Quando conseguir, o filho será o filho, e não uma figura do mundo interno dela.

Mas, para isso, ela vai precisar conseguir se identificar e empatizar com essa criança. A começar pela criança-nela! Pois ela tem zero de empatia para consigo mesma.

Uau, Marion, muito louco tudo isso! Vamos fazer uma pausa para um café?

Vamos, sim. Reconheço que, quando me empolgo, não paro de falar!

Depois do intervalo eu gostaria de retomar isso que você acabou de dizer – que Marcia vai precisar desenvolver alguma empatia para com as limitações da criança, a começar pela criança-nela. Porque com a minha paciente melancólica, eu percebo que o supereu não tem nenhuma empatia para com as limitações do eu, e por isso cai matando.

* * *

Vamos continuar?

Com uma breve recapitulação.

Partimos do pressuposto de que o supereu se constitui na relação intersubjetiva entre a criança e o aspecto paranoico do objeto primário. O ódio com que o supereu ataca o eu tem a ver com 1) a internalização e identificação com os microvotos de morte da figura parental; e 2) com o ódio despertado na criança pelo abuso de poder.

O ódio é um afeto em estado bruto, brota violentamente do isso, num ímpeto de destruir o outro vivido como ameaça, como um inimigo que quer destruir o eu.

Mas há um outro elemento muito importante no paranoico: a crueldade. O supereu é cruel com o eu. E antes que você pergunte, já vou antecipar: para mim, crueldade é diferente de sadismo.

Eu ia mesmo perguntar isso...

Sadismo implica o gozo com o sofrimento do outro. Crueldade tem a ver com falta de empatia. Ambos fazem sofrer, mas as dinâmicas envolvidas são muito diferentes.

Então o paranoico é cruel porque não tem empatia. Essa ideia parece mesmo muito importante para o nosso tema. Que tal começarmos com um bom spoiler?

Ok, um bom *spoiler*. Marcia não tem o *chip* da empatia porque o aspecto paranoico da figura parental não tolerou as manifestações da alteridade da criança-nela. Alteridade significando impulsos, necessidades, desejos, limitações etc. Estou usando a expressão "intolerância à alteridade" no mesmo sentido de "intolerância à lactose". Por isso, exerceu um controle tirânico para evitar que ela aparecesse, ou então esmagou suas manifestações passando por cima com um rolo compressor. E agora, tendo internalizado essa dinâmica vivida na relação com as figuras parentais, Marcia reproduz isso com os outros.

Uau! Agora é que eu quero ver!

Então vamos lá. Um fragmento de material clínico vai nos ajudar a entender a crueldade do superego, e onde entra a falta de empatia.

Marcia vai comemorar o aniversário do filho com um lanche para a família. A sogra, com quem ela não se dá, estará lá. O marido se oferece para ajudá-la depois do almoço, já que de manhã vai jogar tênis. Marcia ferve de ódio. Pergunto-lhe o que esperava. Ela responde: "Esperava que ele acordasse às 7h da manhã e passasse o dia ao meu lado, ajudando em tudo o que eu precisasse. Mas ele não está nem aí comigo, vai jogar aquela merda daquele tênis ridículo. Custava ele abrir mão do tênis por mim?".

Interessante que, no primeiro fragmento clínico, ela se incomoda porque o filho age como se ela estivesse 24 horas por dia à disposição dele. Aqui, parece que é ela quem exige isso do marido. Espera que ele fique o dia todo em função dela.

É bem por aí mesmo, AnaLisa! Aqui ela está fazendo com o marido exatamente o que sentiu que o filho queria fazer com ela. Sem perceber, naturalmente. Por isso, nem tentei dizer isso a ela!

Mas achei esse fragmento interessante porque dá para perceber perfeitamente como as posições ocupadas pelo eu e pelo supereu são complementares e intercambiáveis. Dependendo da situação intersubjetiva, ora ela está de um lado, ora do outro.

Fiquei com pena desse marido!

Eu também. Na contratransferência eu me identifico com ele. Ela massacra a subjetividade dele com uma exigência tirânica. É horrível não ter o direito nem de jogar tênis num domingo de manhã. Mas atenção: na minha escuta, ele representa a criança-nela. Ela faz com ele o que foi feito com ela – a dinâmica foi internalizada, como antecipei no *spoiler*.

Então agora eu estou com pena dela, quer dizer, da criança que ela foi!

A exigência tirânica (passar o dia todo às ordens dela) tem a ver com a falta de empatia, e isso se dá em alguns níveis.

Primeiro, a falta de empatia é para com ela mesma: Marcia não consegue perceber que está apavorada com a presença da sogra.

Tem medo de sua crítica implacável. Por isso precisa preparar o lanche perfeito. Imagine se ela esquecer da Coca-Cola?

Segundo, em relação ao marido: não consegue perceber que ele é um ser humano igual a ela, com as mesmas necessidades, desejos, limitações. Não consegue se identificar com ele. Ao contrário: quando ele tenta expressar algo ligado à própria subjetividade, ela tem uma espécie de reação alérgica.

E quais são os sintomas da reação alérgica? [Risos]

Passar por cima da alteridade com um rolo compressor. Tentar eliminar suas evidências.

Desqualifica a pessoa que ele é (o tênis do qual você gosta é uma merda; você é uma merda).

Despreza o seu desejo de jogar tênis (é ridículo gostar de jogar tênis).

Interpreta necessidades mais do que humanas como falhas e fraquezas intoleráveis (coitadinho, precisa jogar tênis para desestressar!).

É considerado um traidor quando insiste em fazer algo para si mesmo (se você for jogar tênis, é porque não me ama, não está nem aí comigo, e eu o odeio por isso).

Entendo: como ela não empatiza com as necessidades dele, quando ele tenta fazer algo para si só pode significar falta de amor por ela.

E o que se faz com um traidor?

Pena de morte...

Exato. Identificada com o supereu cruel, ela cai matando. O marido, você não se esqueceu, representa aqui a criança-nela. Mas falando dele mesmo, parece que ela passa por cima como se nada tivesse acontecido.

E ela não se sente culpada?

Não. Como não se identifica com ele, pode lhe dizer as coisas mais terríveis e cruéis sem sentir um pingo de culpa. Ao contrário, sente que ele mereceu.

Puxa! Deve ser difícil ouvir tudo isso na sessão, e interpretar sem criticar! O que você disse para ela?

Bem, eu sei perfeitamente que ela não percebe que está sendo tirânica, nem que está massacrando a alteridade do marido. Meu trabalho é criar condições para que a alteridade possa ser tolerada, em vez de ser sistematicamente atacada.

Entendo. Você tem de criar uma estratégia de longo prazo para tentar instalar o chip *da empatia. Imagino que esse* chip *tenha de ser instalado na transferência, e que para isso você vai precisar ser empática com ela.*

Perfeito! Então vamos lá. Quando ele diz que vai jogar tênis, ela tem uma espécie de reação alérgica porque não tem a "enzima psíquica" para metabolizar a alteridade. Em outros termos, a alteridade é traumática para ela. Nossa questão é entender por quê.

Isto é bem importante: reencontramos os microvotos de morte, mas agora no contexto de matar a alteridade que a retraumatiza. Quer dizer que os primeiros contatos com a alteridade deixaram um nervo exposto.

Isso mesmo. Já vamos ver como e por que isso aconteceu.

Agora, a pergunta "Custava ele abrir mão do tênis por mim?" indica que ela acredita que seria perfeitamente possível ele abrir mão de sua subjetividade para cuidar da angústia dela na preparação do lanche. Seria perfeitamente possível deixar de existir por amor a ela.

Isso é bem cruel mesmo.

O supereu é cruel, não só porque tenta esmagar a subjetividade do eu, mas também porque, para dispensar o seu amor ao eu, faz uma exigência impossível de ser cumprida: que o eu renuncie a ser e a existir.

É como se o supereu dissesse ao eu: "não sou eu que não consigo tolerar sua subjetividade, é você que se recusa a renunciar a ela, o que prova que você não me ama; você é mau e eu o odeio por isso".

Aquela fórmula, novamente.

Percebe? A exigência é cruel, e a acusação é injusta. Já falamos sobre este sintoma tão comum entre os paranoicos: a extrema sensibilidade a situações injustas e a luta feroz para fazer valer os seus direitos (ou de outros com quem se identifica). Trata-se, nem mais nem menos, do direito de existir.

É por isso que o supereu tenta aniquilar o eu. Não é de admirar que aquela minha paciente – a melancólica que estou atendendo – vira e mexe fale em se matar. Acabar com esse sofrimento…

Não só. Seria também uma maneira de cumprir a exigência do supereu, para, finalmente, merecer o seu amor.

Nossa! Se matar para ser amada pelo supereu!

Louco, não é? Ela precisaria conseguir reconhecer que essa exigência é louca, absurda. E que em sua origem está a intolerância à alteridade do aspecto paranoico da figura parental. Mas muita água tem de rolar debaixo dessa ponte antes disso acontecer.

O importante é perceber que o supereu ataca o eu por falta de empatia para com suas necessidades, desejos e limitações. Tudo é visto como fraqueza inadmissível, intolerável e desprezível. Marcia faz isso com o marido, mas faz isso com ela mesma. Aliás, ela faz com o marido para não fazer com ela mesma!

Antes paranoica do que melancólica!

Exato!

O curioso é que o supereu funciona como se ele mesmo fosse perfeito!

É exatamente por isso que eu acho que o supereu tem a ver com a internalização de elementos ligados ao núcleo paranoico da figura parental! Na paranoia, o eu é portador de todas as qualidades, e o outro, de todo o lixo.

Ok. Entendi. Agora quero saber como o chip *da empatia é instalado. Como alguém desenvolve as enzimas psíquicas para digerir a alteridade?*

Ótimo. Estava mesmo esperando você me perguntar isso. A empatia, que é a capacidade de se identificar com os estados emocionais do outro, é construída no vínculo primário, contanto que o bebê encontre as condições necessárias para isso.

E quais seriam essas condições?

Vamos lá. Roussillon (2008a) resume essas condições com o conceito de *homossexualidade primária em duplo*.

Que palavrão! Homossexualidade primária em duplo!

Tradução: "homo" aqui significa *igual*, e se opõe a "hetero", que significa *diferente*. O bebê precisa descobrir seu objeto como um igual, como um semelhante. Para isso, a mãe precisa conseguir apagar, tanto quanto possível, sua alteridade. E precisa saber dosar quanto de alteridade apresentar em cada momento. Em doses homeopáticas. É como o desmame. O leite é conhecido, seria o homo, o semelhante. Mas os vegetais, a carne e as frutas, são hetero, diferentes. A alteridade alimentar tem de ser introduzida aos poucos. Caso contrário, será vivida como traumática, produzirá alergia e será recusada.

Exemplo?

A ausência prolongada da mãe é uma dose cavalar de alteridade. É uma feijoada que ele não vai conseguir digerir. Confrontou-o antes da hora com a evidência de que é outra pessoa.

Já entendi. Para ela acertar a dose de alteridade possível de ser digerida a cada momento ela precisa conseguir se identificar com o bebê. Empatizar com o que ele aguenta ou não aguenta.

Perfeito. Agora o termo *sexualidade*. Indica que a mãe e o bebê precisam sentir e compartilhar prazer na relação um com o outro. Ao lado do prazer de encher a barriga e de sugar, é fundamental que ambos, graças às suas respectivas competências, consigam estabelecer uma comunicação primitiva, corporal e emocional, bem-

-sucedida. Quando isso acontece, a satisfação experimentada cria uma reserva de libido para que o bebê consiga suportar as manifestações da alteridade da mãe.

Aqui também, o prazer de uma comunicação bem-sucedida depende de a mãe conseguir se identificar e empatizar com o bebê. Falta a expressão "em duplo".

Tem a ver com função reflexiva, de espelhamento. Ela se disponibiliza para traduzir o bebê para ele mesmo. Nesse sentido, funciona como duplo dele, ecoando seus movimentos emocionais. É assim que ele começa a empatizar consigo mesmo.

E claro que, para isso, ela precisa ser capaz de se identificar empaticamente com os estados emocionais dele.

Caso contrário, irá refletir coisas nas quais o bebê não se reconhece. Ele não poderá empatizar consigo mesmo, e nem com o outro.

Essa ideia de duplo me faz pensar na exigência de Marcia, aparentemente despropositada, de que o marido estivesse com ela o dia todo, colado nela e à disposição, no dia do aniversário do filho. Como se o único e maior desejo dele fosse preparar o lanche com ela.

Tem tudo a ver mesmo, você está certíssima. Para a escuta analítica, é um apelo desesperado para que o marido funcione como duplo, limitando-se a se adaptar, a ecoar e a compartilhar com prazer os movimentos de Marcia na preparação do lanche. A persistência dessa demanda tão primitiva mostra que o objeto primário de Marcia fracassou em criar, no vínculo primário, as condições que acabamos de ver.

Ela ainda está atrás do que nunca teve!

Pelo que entendi, quando a mãe tem um núcleo paranoico importante, não consegue criar as condições sintetizadas na expressão homossexualidade primária em duplo.

Exato. Quanto mais extenso é esse núcleo, mais a mãe faz identificações projetivas com o bebê, e menos ela consegue se identificar empaticamente com ele. Para ela, o bebê não chora porque sente desconforto, mas para tiranizá-la. Percebe como a interpretação paranoica é impeditiva da empatia?

Percebo. É como naquela cena do vaso, em que a mãe não consegue empatizar com a falta de coordenação motora da criança. Nesse momento, nada de função reflexiva!

E tudo de identificação projetiva!

E imagino que, se a mãe não empática vê o bebê como "do mal", a relação entre eles vai sofrer. Vai embolar o meio de campo.

Exatamente. A mãe não empática endurece e entra em um braço de ferro com ele. "Vamos ver quem se dobra primeiro." Ela resiste à suposta tirania. Não se submete. Exige que ele não chore, que não lhe faça demandas. E faz retaliações. "Se pedir não ganha, e se chorar, apanha."

E qual é a mensagem que a criança recebe?

Que suas necessidades e desejos não deveriam existir. Ter desejos e necessidades é ser egoísta, é não se importar com a mãe. É como o marido de Marcia: um egoísta porque quer jogar tênis em vez de ajudá-la. A criança percebe que seus movimentos pulsionais produzem uma reação de "ódio alérgico" no objeto, mas não é capaz de dar sentido a essa experiência absurda.

Naturalmente, todo esse processo é inconsciente para a mãe.

É, sim. Ela não é capaz de reconhecer que se sente ameaçada pela alteridade do bebê, nem que se defende tentando esmagar essa alteridade por meio de um controle tirânico. Por isso acusa o eu de desamor. "Se você não erradicou sua subjetividade por amor a mim, então você é mau e eu o odeio por isso." E ainda: "se você afirma que não consegue erradicar sua subjetividade, então é um fraco, e eu o desprezo por isso". São microvotos de morte, percebe?

Isso me parece bem grave: alguém que se sente culpado e envergonhado apenas por existir.

É mesmo. Agora, o material clínico sempre mostra as zonas de confusão sujeito-objeto resultantes dessa dinâmica. "Eu sou realmente tão 'do mal' como ele afirma? Ou será que é meu objeto que não aguenta nada?"

Imagino que ter essa dúvida já é um bom começo.

Ufa, estou precisando dar uma voltinha. Esticar as pernas.

Dar uma alongada. Ok, um intervalo é muito bem-vindo.

* * *

Nossa, Marion, quanta coisa! Podemos dar uma repassada nas ideias principais? Não quero me perder!

Ótima ideia! Já estamos conversando há tanto tempo, daqui a pouco temos de encerrar.

No começo da nossa conversa, você disse que o supereu cruel é um problema central no funcionamento melancólico, paranoico e masoquista. Gostaria de retomar essa ideia. E quem sabe conversar um pouco sobre como trabalhar com as formas de sofrimento ligadas a ele.

Então vamos lá.

Quando o sujeito se submete às exigências do supereu e tenta aniquilar sua subjetividade na esperança de ser amado pelo supereu, ele *se melancoliza*.

Quando se identifica às acusações do supereu, culpa-se por seus desejos e necessidades e sente que merece ser castigado, torna-se *masoquista*.

E quando resiste às acusações e se revolta contra a tirania do supereu, paga o preço de se estruturar em torno do ódio à alteridade, tornando-se *paranoico*.

O supereu se constitui na relação intersubjetiva com o aspecto paranoico do objeto, que odeia o sujeito por vários motivos diferentes, mas interligados. Podemos sempre reconhecer elementos da fórmula mais geral "não sou eu que..., é você que..., e eu o odeio por isso". É um ódio assassino, são microvotos de morte com os quais o sujeito se identifica. Naquela conversa sobre núcleos neuróticos e não neuróticos (ver Capítulo 1), eu os chamei de elementos-beta tanáticos. São elementos tanáticos, inconscientes, evacuados com violência – por identificação projetiva – pela figura parental para dentro do psiquismo em formação.

Então, o aspecto paranoico do objeto odeia o sujeito quando, por algum motivo, se sente ameaçado em sua integridade narcísica. Por exemplo, quando se sente criticado. Fica apavorado com os ataques que irá sofrer do seu próprio supereu cruel. Esse pavor pode ser o gatilho para um microssurto paranoico. O ódio surge num impulso incontrolável. O sujeito que disse ou fez algo vivido como uma crítica é visto como inimigo a ser destruído.

Falamos também sobre o ódio que surge numa relação sistemática de "abuso de poder". O sujeito é obrigado a sacrificar sua integridade narcísica para proteger o narcisismo do objeto. Terá de pagar uma conta que não é dele, acolhendo os elementos-beta tanáticos evacuados pelo aspecto paranoico do objeto. Será acusado e condenado por um crime que não cometeu.

Muito bom! Agora, o elemento que, a meu ver, é o mais significativo tem a ver com outra característica do núcleo paranoico do objeto: sua maior ou menor intolerância à alteridade. Esta vem junto com a falta de empatia. Incapaz de se identificar com as necessidades emocionais da criança, o adulto a submeterá a um *bullying* contínuo: qualquer manifestação de alteridade será sistematicamente desqualificada, desprezada ou simplesmente destruída com ódio implacável. Aqui, sim, o objeto é cruel com o sujeito.

O que mais me deixa mal é ver que necessidades e limitações são consideradas falhas intoleráveis!

Pois é. O sujeito se vê submetido à exigência louca de deixar de ser/existir para merecer o amor do supereu. A mesma fórmula vale aqui: "não sou eu que não tolero sua alteridade, é você que se recusa a suprimi-la, é um egoísta e eu o odeio por isso".

Sim, e vimos quais eram as condições para a instalação do chip da empatia. Falamos sobre o fracasso da relação homossexual primária em duplo justamente pela interferência do núcleo paranoico do objeto.

Sei que estou sendo repetitiva. Mas é que para mim é muito importante deixar claro que, na falta de empatia, o eu é massacrado em sua alteridade. Esse massacre é internalizado e está na origem do supereu cruel.

Vimos também que, quando o sujeito recebe essa carga tóxica e traumática, tem de se defender por meio da clivagem e da identificação com o agressor. Clivagem do terror/ódio, e identificação com os microvotos inconscientes de morte.

Estamos supondo que não havia um terceiro para barrar esses microvotos.

Gostei disso, AnaLisa. Parecemos um jogral bem ensaiado! [Risos]

[Risos] Marion, para mim, uma das partes mais interessantes da nossa conversa foi sobre a falta de empatia do supereu em relação ao eu. Eu nunca tinha escutado isso. O objeto não consegue se identificar com necessidades, desejos e limitações do eu, e por isso cai matando como se fossem falhas intoleráveis. É quando Marcia diz ao marido, com ironia: "coitadinho, ele precisa jogar tênis para desestressar!".

Ufa, acho que repassamos as ideias principais. O que você acha?

Que agora podemos falar um pouco sobre a clínica. Como você encaminhou a análise de Marcia?

Bem, vamos tentar passar longe da fórmula "Não sou eu que..., é você que...". Mas se isso acontecer, o paciente vai pular de dor e de ódio. Ótimo. Porque será uma excelente oportunidade para o analista fazer o que o objeto nunca conseguiu fazer: se implicar na interpretação: "eu disse alguma coisa que fez você pular. Pode me ajudar a descobrir o que foi?".

Para isso o analista tem que ter um narcisismo robusto...

Espera-se que sim. Logo no início da análise eu disse algo a Marcia que ela leu como uma crítica. Escute só. Quando eu ia buscá-la na sala de espera, ela me agradecia. Intrigada, eu lhe perguntei *"Obrigada, por quê?"*. A pergunta foi no sentido de identificar o que ela sentia que recebia de mim, antes mesmo de iniciada a sessão. Sua resposta ficou no plano formal da boa educação. No entanto, três anos depois, ela me contou que sentira hostilidade no tom da minha pergunta e a recebera como uma "bronca".

Foi aí que fiquei sabendo que ela quase fora embora. E me explicou o motivo: com a minha pergunta, sentira que estava sendo criticada não por algo que fez, como entrar com sapatos sujos de lama, mas por algo intrínseco a ela. Ela foi educada assim, agradecendo por tudo, e não poderia deixar de fazer isso. Se eu não tolerava que ela agradecesse, ela não poderia continuar ali. Para ela, minha pergunta tinha um tom hostil, e evocava a segunda parte da fórmula: "é você que... não deveria ser assim".

Três anos depois, quando eu repeti a pergunta, ela me contou tudo isso. Mas então, graças ao caminho percorrido, eu já podia me atrever a fazer uma interpretação diretamente transferencial. Acompanhando o humor com que ela se recordava dessa cena, eu disse algo como: "hoje a gente entende por que você me agradecia. É porque, por mais um dia, eu estava lhe concedendo a dádiva de tolerar a sua existência!". Rimos juntas.

Belo exemplo! Dita num certo tom de voz, a pergunta "Está agradecendo por quê?" pode mesmo ser interpretada como confron-

to. Prato cheio para um paranoico. Grandes chances de ele ler isso como crítica.

Então. Como estamos vendo, eu posso facilmente me transformar no supereu cruel que a retraumatiza.

Mas posso vir a ser dois novos objetos que possibilitem desarmar a paranoia. E isso vai depender das respostas que eu puder dar a ela na situação transferencial. Aqui temos uma estratégia geral para trabalhar com esses pacientes.

Quais seriam esses dois novos objetos?

O primeiro novo objeto que eu precisaria encarnar na transferência seria o objeto capaz de realizar a função *duplo de si*. Como vimos, a função reflexiva do objeto é necessária para que ela consiga empatizar consigo mesma. E para "instalar o *software*" que torne possível metabolizar a alteridade. Para tanto, eu preciso empatizar com suas experiências e traduzir a paciente para ela mesma.

Tem um exemplo de como isso aconteceu nesta análise?

Você se lembra daquela situação em que Marcia exige que o marido fique à sua disposição para ajudar na preparação do lanche? Por mais que eu tenha pena do marido, evito intervenções na linha "É você que...". Em vez disso, eu me identifico com a criança-nela, e empatizo com o terror que ela sente da sogra. Ela sabe que não gosta da sogra, mas não sabe que fica aterrorizada com o olhar crítico dela. Que, obviamente, é o próprio supereu cruel.

Digo a ela: "você fica tão aterrorizada com as possíveis críticas da sogra que precisa conseguir o lanche perfeito. E fica com ódio do marido porque ele não percebe o seu terror. E como não percebe, não a ajuda a fazer o lanche perfeito. Em vez disso, vai jogar tênis e abandona você à própria sorte".

Interessante... Seria fácil criticar a tirania em relação ao marido, em vez de empatizar com o terror que ela sente da sogra.

Pois então, ela conta dezenas de historinhas desse tipo. Eu tento intervir mais ou menos nessa linha. Deve ter funcionado, porque depois de um ano e meio de trabalho, sou surpreendida com um novo primeiro objeto empático, que surge na figura de um chefe. Ela conta que ouviu dele algo que a tocou profundamente, que "eu nunca tinha ouvido de ninguém até hoje". Ela reproduz o tom de aceitação carinhosa com que o chefe lhe diz: "Eu entendo o que você está dizendo... sei bem do que você está falando".

Você mencionou o primeiro objeto que precisa ser encarnado, uma figura empática. Qual seria o segundo?

O segundo é o terceiro [risos], aquele que ajuda a dar sentido aos microvotos de morte, remetendo-os não à força, ao seu poder, mas à fragilidade do objeto, a suas limitações. Essa ressignificação favorece o processo de separação entre a criança e seu objeto primário. Não sei dizer exatamente o que eu fiz [risos]...

[Risos]

... só sei que, em certo momento, graças a um filme, ela descobriu que a falta de empatia dele não era "contra ela", mas "um pouco de autismo". E acho que ela tinha razão. Tempos depois, relatou uma cena na qual ela percebeu que ele não tinha coragem de dizer à mãe que ia viajar no dia do aniversário dela. "Ele parecia um menininho de 6 anos." São momentos de desconstrução do marido-entidade, detentor do poder de vida e morte sobre ela.

Agora, escute só como eu fiquei sabendo que o lugar e a função do terceiro haviam sido instalados na transferência.

Contra a vontade do marido, ela decidiu se separar. Ele estava literalmente espumando de ódio. Agora, finalmente o terror frente ao ódio assassino do marido estava plenamente consciente. Ela já tinha aberto mão de parte considerável do patrimônio do casal, mas não adiantou. Então ela entendeu que a questão não era o dinheiro: ele estava tentando destruí-la.

Será? Não era uma fantasia?

Você nunca viu ex-maridos em fúria narcísica? Não é brincadeira...

Aqui entra o papel do terceiro. Fiz questão de reconhecer que ele devia estar mesmo com muito ódio, e que ela só podia estar aterrorizada. Dei o meu testemunho, e acho que isso ajudou muito.

Nas sessões seguintes ela me contou uma coisa que eu achei fantástica. Nas audiências, o marido perdia o controle e a xingava de vagabunda, aproveitadora etc. Um dia, o juiz foi obrigado a intervir. Ele disse algo como: "senhor Fulano, não vou mais tolerar este tipo de ataque aqui. Isto é uma audiência de conciliação. Se o senhor está aqui é porque deseja um acordo. Ela já abriu mão disto, disso e daquilo. Acho que foi até onde podia. É melhor o senhor aceitar este acordo". Depois disso ela suspirou de alívio. Pouco tempo depois de separada, encontrou um novo parceiro e encerramos a análise. Depois de seis anos!

Puxa, que belo exemplo da instauração da função do terceiro! O material clínico não poderia ser mais claro!

Que bom! Espero ter conseguido transmitir a você como uma teoria sobre a constituição do supereu cruel, que considera a intersubjetividade, nos ajuda a intervir na clínica.

Marion, tenho um pedido – na verdade, é meu e de vários colegas. Muitos de nossos pacientes chegam com queixa de depressão. O que é a depressão para um psicanalista? Um sintoma? Uma doença? Seria muito útil se pudéssemos conversar sobre isso.

Você tocou num ponto importante, AnaLisa. Merece, mesmo, uma conversa. Andei pensando que talvez não dê para falar em depressão, mas em depressões. Vamos combinar.

5. Depressão sem tristeza, com tristeza e melancólica

Olá, AnaLisa, sobre o que gostaria de conversar hoje?

Olá, Marion. Tenho vários amigos e amigas que dizem que estão deprimidos. Não consigo entender muito bem o que é isso, de onde vem. Sei que é um quadro mais ou menos típico de tristeza ou infelicidade, desânimo e falta de prazer com a vida. Em alguns casos percebo que a pessoa está zerada em termos de autoestima, ou então ela é negativa: sentimento de ser um fracasso, de não dar conta das coisas da vida. O pior é quando a pessoa tem vergonha de ser quem é e sente que não merece o amor dos outros; aí ela se culpa, se esconde em casa, se isola do mundo, e vai afundando cada vez mais. Alguns se esforçam para continuar de pé e até conseguem funcionar, mesmo achando a vida sem graça. Outros desistem, pois não conseguem ver nenhuma luz no fim do túnel. Ainda bem que nenhum conhecido meu se matou, mas já ouvi algumas pessoas dizendo que não querem mais viver. Em alguns casos eu até consigo ver que a depressão tem a ver com alguma perda: namoro, emprego... Mas em outros não parece ter acontecido nada de muito marcante. Será que tem alguma coisa a ver com o mundo de hoje? Ou o problema é individual?

Excelente tema! Muito atual. Claro que o psiquismo individual está mergulhado na cultura e no social, e o mundo hoje não está fácil. Como você sabe, cada época e lugar produzem um sofrimento existencial próprio. Mas há uma diferença entre sofrimento existencial, que é de todos, e sofrimento ligado à psicopatologia, que faz com que alguns tropecem mais que outros pelo caminho. Podemos aprofundar o olhar sobre a cultura numa outra conversa... (ver Capítulo 6). Hoje, proponho que a gente converse sobre a depressão no plano da psicopatologia individual. Mas vamos começar usando um termo mais coloquial do que depressão: infelicidade.

Por que você prefere este termo?

Por dois motivos. Primeiro, porque infelicidade é um termo mais amplo e permite reconhecer nuances importantes. Depois porque, como veremos, existem depressões sem tristeza, mas que apresentam um tipo específico de infelicidade.

Nunca pensei que existissem vários tipos de infelicidade. Nuances, como você diz.

Até a febre, que é sempre um aumento de temperatura do corpo, tem nuances. Quando você vai ao médico e diz que está com febre, ele quer saber se a sua é daquelas de 40 ºC, ou se fica nos 37,5 ºC. Se ela vem mais de manhã, ou no fim do dia. Se ela é contínua, ou intermitente.

Verdade. Imagino que ele pergunte isso porque o tipo de febre pode dar uma dica importante sobre qual pode ser a doença infecciosa.

Exato. A febre da tuberculose não é igual à da mononucleose, nem igual à da gripe. Isso vale também para a depressão. Sempre vamos encontrar uma vivência de futuro bloqueado e de infelicidade. Mas elas são muito diferentes entre si.

E imagino que elas têm a ver com funcionamentos psíquicos diferentes.

Isso mesmo, são produzidas por *núcleos inconscientes* diferentes.

Veja só: tem um tipo de infelicidade *difusa*, que as pessoas costumam chamar de tédio. Elas não sentem tristeza, mas se queixam de uma vida vazia. É uma vida meio burocrática, sem criatividade, a pessoa não tem um pingo de imaginação. Tem a ver com um empobrecimento psíquico.

Acho que reconheço isso. São aquelas pessoas "pão, pão; queijo, queijo". Vivem na concretude das coisas.

Isso mesmo. Mas tem um segundo tipo de infelicidade. Este tem mais a ver com um sentimento de impotência, desamparo e de falta de autonomia. A pessoa tem a sensação penosa de não dar conta da vida, de depender do outro para existir. Não consegue se colocar, não consegue afirmar nada de próprio.

Sei, uma espécie de desempoderamento generalizado.

[Risos] Adorei a expressão, AnaLisa! Desempoderamento generalizado. Vou adotar. Desistiram de viver para si, como se não tivessem esse direito. A vida não decola.

Além do tédio e da situação de desempoderamento, mais algum tipo de infelicidade?

Sim, uma terceira forma se manifesta como autodepreciação. A pessoa tem uma péssima opinião sobre si e acha – ou pior, tem certeza – de que ninguém em sã consciência vai gostar dela do jeito que ela é.

Autoestima zero!

E mais: essas pessoas têm vergonha de ser quem são e se culpam quando as coisas não dão certo.

Sei. Conheço uma assim. De tanta vergonha, se esconde do mundo. Acabou não desenvolvendo seu potencial.

Eu nunca teria percebido essas nuances se você não as tivesse mostrado. Para mim, depressão era depressão e pronto. Mas sim: infelicidade difusa; infelicidade por desempoderamento; infelicidade por autodepreciação. Imagino que deve haver outras formas de infelicidade.

Imagino que sim. Mas foram essas que eu pude reconhecer na minha clínica, e isso me fez pensar em três formas de depressão, respectivamente: depressão sem tristeza, com tristeza e melancólica.

De onde você tirou essas três?

Ótima pergunta. Eu ia esquecendo de dizer. Bem, comecei com uma releitura de *Luto e melancolia*, em que Freud (1917/2010d) descreve a depressão melancólica. Mas esse texto não parecia dar conta das várias formas de infelicidade que eu encontrava na clínica. A autodepreciação do melancólico é muito diferente da do desempoderamento.

Então eu me lembrei de *Introdução ao narcisismo* (1914). Ali ele fala em objeto de apoio – se preferir o grego, pode dizer anaclítico – escolhido com base no modelo da mãe que cuida. O sujeito se *apoia* sobre o objeto para não desmoronar. A perda do objeto produz um desmoronamento, um colapso narcísico, que é vivido como desempoderamento generalizado. Esse foi meu ponto de partida para a depressão com tristeza. Depois eu me dei conta de que pessoas que não perderam, mas vivem com pavor de perder o objeto, também estão cronicamente desempoderadas – e tristes.

Mas eu via também na clínica aquele tipo de infelicidade ligado à pobreza psíquica. E aí eu me lembrei da depressão sem tristeza descrita por Marty (1968). Ele usou esse termo para falar dos quadros psicossomáticos, mas me pareceu cair como uma luva para entender esses outros pacientes.

Entendo. Você usou autores e teorias diferentes para entender as várias infelicidades que você via na clínica. Faz sentido.

Achei muito interessante a diferença entre desempoderamento e autodepreciação.

Também fiquei surpresa quando percebi isso. Em *Luto e melancolia*, Freud (1917/2010d) dá o exemplo da noiva abandonada, que não consegue fazer o luto e fica melancólica. Ela pode ter um colapso narcísico e ficar desamparada se o noivo estava no lugar de objeto de apoio. Mas a melancolia propriamente dita tem a ver com a perda do amor do objeto. Aqui a palavra-chave é amor. O desinvestimento libidinal do eu por parte do objeto amado afeta a autoestima, o que pode não acontecer no colapso narcísico.

Tive uma amiga que foi abandonada pelo namorado e teve as duas coisas. Ficou desamparada, e também se achando um lixo.

Achava que não era suficientemente bonita, inteligente, engraçada para merecer o amor dele. Ela se culpava pelo fracasso da relação.

A coisa pega mais ainda quando a perda de amor atual reedita uma perda de amor precoce... Mas deixemos isso para daqui a pouco.

Tenho uma pergunta: em que casos a depressão é normal, ou até mesmo necessária?

Bem lembrado. A noção de depressividade (Fédida, 2009) ajuda a distinguir o luto normal do patológico. Depressividade é a capacidade de se deprimir sem mergulhar na depressão. E tem a posição depressiva, descrita por Melanie Klein (1946/2006), que acompanha a elaboração de certas experiências penosas. Conseguir ficar triste é um sinal de saúde mental.

E do que depende a capacidade de se deprimir? Em que condições a pessoa consegue sentir tristeza?

Tudo depende da qualidade do encontro inicial com o objeto primário. Ele precisa colaborar para que o bebê consiga resolver dois grandes problemas (Roussillon, 2008a).

Pobre bebê! Nem bem nasce e já tem problemas para resolver!

E são problemas cruciais! O primeiro é conseguir se ligar ao objeto primário.

Ué, mas isso não é instintivo? Nasce e começa a mamar...

Na verdade, não é bem assim. O que parece dado pela natureza – o bebê vir ao mundo automaticamente equipado para o vínculo – já é o resultado de uma construção intersubjetiva. Esse processo depende da qualidade, ou do modo de presença, da mãe-ambiente. Ela precisa oferecer certas condições para que isso aconteça.

É verdade. Existem bebês anoréxicos, ou que vomitam tudo. E o segundo?

O segundo problema que o bebê vai enfrentar é conseguir se diferenciar e se separar do objeto. O modo de presença inclui a possibilidade de ir se ausentando aos poucos. Uma boa combinação de presença/ausência vai determinar se vai ser possível perder o objeto e fazer o luto, ou não.

Fazer o luto?

Aceitar que o objeto não lhe pertence, é outra pessoa, tem outra vida *e conseguir investir outros objetos*. Senão o futuro fica bloqueado.

Uma boa combinação de presença/ausência...

Nessa boa combinação há aspectos *qualitativos* decisivos: *como* a mãe está presente e *como* ela se ausenta. Não é só uma questão quantitativa, do tipo excesso de presença ou excesso de ausência.

Enfim, o processo que torna possível a separação sujeito-objeto é bem complexo. Se tudo der mais ou menos certo, a criança vai conseguir criar uma representação psíquica do objeto. E aí vai se sentir amparada e empoderada de dentro para fora, mesmo na sua ausência.

Entendo. Se a criança conseguir fazer esse primeiro luto, os demais serão uma reedição desse.

Perfeito. Repito: a cada momento desse caminho é a *qualidade do vínculo* que vai determinar como, quanto e de que jeito vai ser possível, ou não, prosseguir no movimento de se diferenciar e se separar do objeto. São os *modos* de presença e de ausência que permitem ou entravam a possibilidade de fazer esse primeiro luto – se deprimir sem mergulhar na depressão.

Você falou várias vezes sobre o modo de presença do objeto. Eu sei que o eu se constitui no vínculo com outro sujeito, e que ele vai se identificar com aquilo que o ambiente lhe reflete de si. Gostaria que você explicasse um pouco mais.

Sim, esse assunto é muito importante. Como você disse, o eu assimila e incorpora as respostas que recebeu do ambiente. Portanto, o modo como o objeto responde é fundamental. Isso é o modo de presença. Pois as respostas que o eu recebe podem ter tudo a ver com ele, e aí aquela experiência pode ser integrada. Mas ele pode receber respostas "x", bizarras, nada a ver.

Como se fosse um tiro n'água, no jogo de batalha naval. E o que acontece nesses casos?

Os elementos também serão assimilados, mas como têm a ver com o inconsciente da mãe, eles são tóxicos, indigestos e não podem ser integrados. Eles irão constituir os diversos núcleos inconscientes, dos quais falamos na nossa primeira conversa (ver Capítulo 1), cujo destino é serem transferidos pela vida afora.

Mas tem como saber qual foi o modo de presença inadequado que resultou nesses núcleos? Você disse que a mãe pode responder "x". Tem como saber o que é esse "x"?

Tem, sim. Pela transferência e contratransferência dá para tentar imaginar – reconstruir – o que pode ter se passado entre sujeito e objeto, de tal forma que o eu tenha a cara que tem (Roussillon, 2012). E isso porque o paciente vem nos mostrar – nos fazer sentir – o que deu errado na relação com esse objeto. Nós vamos sentir esse "x" na carne.

Então, pelo que entendi, nossa conversa sobre as depressões tem de passar pelo reconhecimento dos modos de presença/ausência do objeto. E de como eles vão determinar o funcionamento do núcleo inconsciente que produz as três formas de infelicidade que você mencionou. Gostei da comparação que você fez. Não vou mais esquecer que, quando alguém diz "estou deprimido", é como se estivesse dizendo "estou com febre". É só o sintoma. A "doença" é o núcleo inconsciente que torna o sintoma necessário.

Ótimo. Então vou fazer uma descrição rápida de cada uma, antes de lhe apresentar três casos clínicos de depressão. Vamos falar de Éléonore, Emanuelle e Bárbara. Nada como a clínica para nos ajudar a reconhecer os modos de presença/ausência do objeto que estão em sua origem.

Vamos lá! Assim juntamos os fios da meada da primeira parte da nossa conversa. Depois podemos fazer um intervalinho.

O primeiro caso é uma depressão sem tristeza, mas com infelicidade difusa e empobrecimento psíquico. Clinicamente, o núcleo inconsciente que a produz pode estar menos ou mais *tamponado*, quer dizer, compensado, por defesas eficazes. Como eu já disse, Marty (1968), que trabalhou com pacientes somatizadores, propôs o termo "depressão essencial" ou "sem tristeza" para caracterizar o funcionamento psíquico.

Não entendi por que a pessoa não sente tristeza.

Porque ela se cortou de sua vida psíquica, e o sofrimento foi "solucionado" pela via somática. A via somática é uma gambiarra, mas funciona. Vamos ampliar essa ideia para os quadros em que a pessoa também se amputou de sua vida psíquica, mas em vez de somatizar, usou *defesas comportamentais*: adições, compulsões, transtornos alimentares, hiperatividade, violência, perversões.

Essas pessoas procuram análise?

Quando procuram, é porque as defesas comportamentais estão atrapalhando a vida. Mas também acontece de virem porque sentem que alguma coisa não vai bem em suas vidas, sem conseguir dizer o quê.

Claro, se é uma infelicidade difusa, deve ser muito difícil descrevê-la.

Vamos tentar entender que tipo de núcleo inconsciente está por trás, e para isso vamos ter de reconstituir, a partir da transferência, o tipo de objeto primário que o sujeito encontrou.

Sim, qual foi o seu modo de presença/ausência. Não se preocupe, já entendi que não é uma reconstrução histórica do tipo "minha mãe foi assim ou assado", e sim uma reconstrução a partir do que o analista vive na contratransferência.

Isso é muito importante. O analista é afetado pela transferência de um jeito que "conta a história" da relação precoce com o objeto.

O segundo tipo de depressão, com tristeza, é aquela em que a pessoa sente aquele desempoderamento generalizado que você mencionou. Isso acontece em duas situações. Uma é *aguda*, e acontece quando o eu perde seu objeto-tampão, aquele que funcionava como muro de arrimo, e de quem dependia de forma absoluta (Freud, 1914).

Já falamos disso. O eu sente que não vai dar conta, vai morrer junto com o objeto perdido.

E a depressão com tristeza pode ser *crônica* quando, inconscientemente, o sujeito sente que está a serviço de sustentar o narcisismo do objeto. Foi convocado a, e não teve como recusar, ser o objeto-tampão do objeto primário.

Conheço pessoas assim. São desvitalizadas, sem graça, sem alegria. A vida não decola.

A vida não tem como decolar porque, internamente, o eu está sequestrado pelo objeto, e não vê como sair dessa posição. Essas pessoas podem perder a esperança de um dia ter uma vida para chamar de sua.

Deve ser o caso de um conhecido meu que passa o dia no quarto vendo séries. Desistiu. Se entendi bem, na depressão com tristeza é tão problemático perder seu objeto-tampão como ter sido transformado em objeto-tampão do outro.

Isso mesmo. E tem um terceiro tipo de depressão, a melancólica, que vem sempre com um rebaixamento da autoestima. Essas pessoas sentem que vão perder, ou já perderam, o amor do objeto – ou do supereu. Ou não valem nada para ele, ou pior: são dignas de seu desprezo. Têm certeza de não serem "gostáveis".

Puxa, de onde será que tiram essa certeza?

Vamos precisar reconstituir a partir da transferência o modo de presença/ausência do objeto que foi internalizado, e acabou constituindo o supereu cruel...

... aquele que ataca o eu sem dó nem piedade. Aprendi muito com nossa conversa sobre esse tema (ver Capítulo 4).

Por enquanto, gostaria de relembrar que, em *Luto e melancolia* (1917/2010d), Freud diz que as pessoas que não conseguem fazer o luto passaram por "uma real ofensa ou decepção vinda do objeto amado". O importante é que a certeza de não ser gostável é impermeável a provas de realidade. Por isso vou usar o termo microdelírio. A pessoa pode até saber intelectualmente que gostam dela, mas não consegue sentir isso. Tanto que age como se tivesse mesmo que ser perfeita para merecer o amor do supereu – ou do objeto que o encarna transferencialmente.

A pessoa passa a vida lutando desesperadamente para ser perfeita. Quando percebe que não vai dar, afunda na melancolia. Agora eu entendo o motivo: sente que perdeu todas as chances de merecer o amor do objeto. Futuro bloqueado.

Você disse que ia falar de três casos clínicos, lembra? Estou ansiosa para ouvi-los. Mas espere um minutinho, vou pegar um café para nós.

Obrigada!

* * *

Você se lembra que me emprestou um livro chamado *Quinze cas cliniques*, de Dumet e Ménéchal (2005)? Eu disse que com certeza seria útil para mim em outros contextos. E foi mesmo. Pois agora eu vou falar de duas pacientes que são apresentadas lá. Uma é Éléonore. A outra é Emanuelle.

Eu falei dela e de Leila naquele dia em que conversamos sobre como pensa um psicanalista (ver Capítulo 2).

Isso mesmo. Mas não precisa se preocupar. Vou fazer um recorte bem diferente para abordar o tema das depressões. Não vai ficar repetitivo.

Ok, sem problemas. Vamos em frente.

Então nossa primeira paciente é Éléonore, um caso que podemos pensar como depressão sem tristeza. Vou resumir aqui para você. Ela tem 30 anos e chegou encaminhada por um clínico que diagnosticou alterações metabólicas importantes. Levou dois anos para reconhecer que não conseguia regular sozinha seu comportamento alimentar. Já tinha procurado análise há vários anos por conselho de uma amiga, mas desistiu depois de três sessões. Achou "a terapeuta muito fria... ela não falava comigo, ela esperava que eu falasse e eu estava vazia, não tinha nada para dizer".

Agora quer tentar novamente, pois, pela primeira vez, está interessada num homem. Mas tem pavor de imaginar uma relação mais séria. Até então teve vários "ficantes". Reconhece que tem grande necessidade de seduzir e teve vários simultaneamente. Não suporta ficar sozinha em casa de noite, por isso trabalha até tarde e se mantém ocupada com esses relacionamentos.

A analista pergunta à paciente como é ficar em casa de noite. Responde que sente taquicardia, um aperto no peito, e em seguida "ideias loucas atravessam sua mente". Para de falar, e um silêncio se instala. Tem dificuldade para retomar sua fala, gagueja, pede para fumar, acende dois cigarros seguidos, e finalmente consegue dizer o seguinte: para que a angústia passe, começa a comer doces, pratos prontos direto da embalagem, pão, queijo. "Engulo tudo, como até sufocar."

Ela tem consciência de que come sem fome e sem prazer. Come "só para ocupar as mãos e esvaziar a cabeça". Depois desses acessos fica péssima, com vergonha de não ter conseguido se controlar. "É indecente, escandaloso, sujo... é de vomitar." E então provoca o vômito. Depois de ter limpado tudo, fica aliviada e consegue ir dormir... até a próxima vez, até a próxima angústia...

Apesar dessas dificuldades frente à solidão, a perspectiva de uma vida em comum com seu novo amigo também a angustia. "A ideia de viver com alguém, de uma presença cotidiana... Só de imaginar já começo a passar mal. Ter filhos, então, nem pensar... É horrível imaginar um ser vivo dentro da sua barriga." Começa a se agitar na cadeira e muda de assunto. Já no fim da entrevista, a paciente diz que se recusa "a continuar com esta vida... Antes acabar com ela do que ter esta comilança como única companheira!".

Trabalha muito no escritório de arquitetura que montou com dois colegas. Gosta do que faz e é muito produtiva. Comenta que "os clientes querem casas grandes, mas ela gostaria de ter uma pequena, senão se sentiria perdida... mas com divisórias de vidro que permitissem que se vissem os outros cômodos... Assim a gente sabe sempre onde está o outro!".

Trabalha inclusive nos fins de semana, mas se permite pausas para ir à academia. Faz musculação pelo menos quatro vezes por semana. Gosta desses momentos em que está sozinha. Aliás, tem muita gente ali, mas ela não está nem aí para os outros. "A única coisa que interessa é estar sozinha com ela mesma, com seu corpo."

Reconhece que às vezes exagera: "todos esses exercícios me matam, mas gosto de sair dali exausta, esvaziada". Nesses momentos se sente "estranhamente bem". Quando era adolescente fazia natação e mergulho. Adorava. Agora, não sabe por quê, o simples pensamento de colocar a cabeça embaixo da água lhe causa mal-estar.

Finaliza dizendo que precisa estar o tempo todo trabalhando, se mexendo, saindo com os amigos. "Se eu paro, estou perdida".

Interessante e muito bem descrito!

O que mais chama a sua atenção?

A ausência de vida interior. Não apareceram associações, fantasias ou questionamentos sobre si mesma. Ela se atém à concretude dos fatos. Está toda voltada para o espaço externo.

Perfeito. Também não vemos sinal de afetos da linhagem depressiva, que estão tamponados pelo modo de vida que ela descreve. Usando um termo do Marty (1968), o relato da paciente é funcional, *operatório*.

Mas dá para ver que o buraco é mais embaixo. Por exemplo, quando ela diz "se eu paro, estou perdida". E naquele outro momento em que diz "melhor acabar com a vida do que ter essa comilança como única companheira".

Isso mesmo. Ela descreve um modo de vida organizado para descarregar todas as tensões psíquicas, e que chamamos de *lógicas de evacuação*. Isso mostra a pobreza de recursos psíquicos, em especial da *função simbolizante*. Por isso não consegue tolerar alguma tensão psíquica e se vê obrigada a descarregar tudo pela via do comportamento – trabalha até tarde, malha até ficar exausta, seduz um homem atrás do outro, come e vomita. Chamamos isso de *defesas comportamentais ou ligações não simbólicas* (Roussillon, 1999). São gambiarras, mas funcionam.

Quer dizer que, graças a essas defesas, ela consegue funcionar, trabalhar, ser produtiva, ter amigos e sair. Mas a possibilidade de um relacionamento sério com um homem ameaça esse equilíbrio.

Do jeito que você descreveu dá a impressão de que falta um chip, *o* chip *da simbolização.*

Gostei da analogia! Sem esse *chip*, muitas experiências emocionais simplesmente não têm como ser processadas em nível psíquico. São neutralizadas pelos comportamentos descritos.

E como se instala o chip *da função simbolizante?*

Como você sabe, Bion e Winnicott trouxeram elementos fundamentais para entendermos o que o objeto precisa fazer para essa instalação.

Isso eu sei: Bion (1962/1991) falou em função alfa, e Winnicott (1967), em função espelho da mãe.

Ótimo, então estou vendo que não precisamos entrar nisso.

Partindo dessas duas contribuições, Roussillon (2012) propõe uma espécie de microscopia desses processos. Vou soltar um palavrão: ele propõe uma *metapsicologia do processo de simbolização*. Quer dizer, ele resolveu descrever o passo a passo dos processos psíquicos da mãe e da criança que vão resultar na instalação desse *chip*.

Interessante. Falamos de simbolização o tempo todo, mas sem realmente entender a intimidade desse processo. Parece mágica: as experiências entram de um jeito na caixa preta do psiquismo e saem transformadas. Mas o que acontece dentro da caixa?

Concordo. Um psicanalista precisa saber *como* o *chip* da simbolização é instalado, e *como* ele funciona, porque isso tem repercussões diretas no seu trabalho.

Roussillon (2012) vai ressaltar duas coisas: a dimensão pulsional envolvida nesse processo e a relação intersubjetiva na qual, e pela qual, a função simbolizante vai sendo instalada.

Ele enfatiza a participação *da mãe e do bebê* – e não só da mãe e sua função alfa – na constituição da função simbolizante. O símbolo, por definição, se constitui na e pela junção de duas partes: no caso, uma que vem do bebê e outra que vem da mãe.

Entendo. O processo de simbolização se dá na intersubjetividade, quer dizer, com a participação de dois sujeitos. E o que ele diz sobre a dimensão pulsional?

Ele resgata a importância do prazer compartilhado no vínculo primário.

O prazer de mamar?

Não só. Tem outro que é tão importante quanto. É o prazer de um *entender* o outro. E veja só: entender já pressupõe algum tipo de linguagem compartilhada. É a aurora da simbolização. Vamos conversar bastante sobre isso.

Por que esse prazer de entender é tão importante?

Primeiro, porque é a condição necessária para o bebê conseguir criar reservas narcísicas para aguentar as frustrações. Sem essas reservas, a excitação produzida pelas experiências emocionais desprazerosas não poderá ser mantida no interior do aparelho psíquico e terá de ser descarregada.

Segundo, porque é a condição necessária para que o bebê consiga investir libidinalmente a própria função simbolizante.

Não entendi.

Desculpe, me escapou outra expressão em metapsicologuês.

Você sabe que simbolizar é fazer trabalho psíquico. É pesado, cansa. Mas como qualquer trabalho, quando gostamos, fazemos numa boa. O bebê só consegue sentir prazer com esse trabalho se antes ele tiver sido fonte de prazer compartilhado no vínculo intersubjetivo. Só então a atividade de simbolizar – mas isso vale para qualquer outra função psíquica! – pode ser retomada internamente sem a ajuda do objeto.

Ah, então é isso internalizar uma determinada função psíquica! Sempre me perguntei como isso acontecia!

Quando isso acontece, o psiquismo do bebê consegue reter cada vez mais quantidade de excitação em seu espaço interno. E aí, o trabalho de ir dando sentido às experiências emocionais passa a ser fonte de prazer.

Ah, é isso o vínculo +K, que estudei em Bion! Essa história de tolerar frustração para conseguir pensar agora faz mais sentido.

Que bom que você conhece esse conceito, AnaLisa. Porque agora pode entender que quando esse processo é fonte de dor, e não de prazer, o psiquismo vai ter de se organizar contra o vínculo e contra a simbolização.

Ataque ao vínculo e vínculo –K. Já estou vendo Éléonore aí.

Percebe como a contribuição de Roussillon à metapsicologia da simbolização é importante? Ele não ignora o prazer de encher a barriga, nem o prazer erótico de sugar o seio. Mas ele está falando do prazer que ambos sentem quando a *conversação primitiva* é bem-sucedida. Para ele, a pulsão tem uma dimensão de descarga – matar a fome e sugar. Mas ela também é portadora de mensagens (Roussillon, 2011). Quando elas são bem interpretadas, a comunicação produz prazer – o prazer do/no vínculo.

Faz sentido. Observamos claramente que o choro do bebê e toda sua linguagem corporal comunicam alguma coisa.

Comunicam potencialmente. Só vira comunicação se alguém achar que aquilo é uma comunicação. Se a mãe achar que aquilo é puro esperneio sem sentido, eles não se entendem, e o *chip* da simbolização não vai ser instalado. E isso depende da capacidade empática dela, isto é, de sua capacidade de se identificar aos estados emocionais do bebê.

Ok. Vamos supor que a mãe seja empática. E que entenda que o bebê está tentando comunicar alguma coisa. Em que momento, ou de que jeito, nasce o símbolo?

Veja só. O primeiro "assunto" da comunicação primitiva são as sensações corporais do bebê. Quando um movimento ou uma demanda encontra uma resposta adequada por parte da mãe, essas duas partes "se encaixam".

Nisso, o bebê entende que a mãe entendeu. Ele percebe que seu esperneio tinha um sentido para ela. O esperneio vira um protossímbolo. E aí ele descobre que pode manejar protossímbolos. Pode "contar" coisas para ela com os recursos de que dispõe. Mesmo se ela não conseguir entender, vai tentar, e isso já é o bastante para ele não se sentir sozinho com suas angústias.

E quando isso não acontece?

Quando a mãe sofre de "daltonismo emocional", não consegue reconhecer mensagens ligadas à vida psíquica. Vai traduzi-las sempre no plano concreto: frio, fome, sono, dor de barriga, doenças etc. É o que chamamos de funcionamento operatório do objeto.

Imagino que, em muitas situações, esse tipo de resposta não vai encaixar com as necessidades emocionais do bebê. Ou seja, a comunicação primitiva não rola. O protossímbolo não se forma.

Exato. Além de sofrimento psíquico, a inadequação sistemática desse tipo de resposta vai desativar o potencial simbolizante com o qual todos os humanos vêm ao mundo.

Puxa, isso é grave!

Muito! Como os apelos emocionais da criança caem no vazio, ela não chega a descobrir que podia se comunicar com a mãe nesse nível. Roussillon (2010) tem um texto sobre isso que se chama – vou traduzir para você – "A perda do potencial. Perder o que não aconteceu". Ele diz que o *chip* da simbolização tem prazo de validade, após o qual o programa caduca.

Podemos voltar a Éléonore? Imagino que algo nessa linha tenha acontecido com ela.

Sim. O modo de vida organizado pelas lógicas de evacuação sugere que o *chip* da simbolização foi mal instalado. E deve ter sido mal instalado por conta de um objeto que tem, ele mesmo, um funcionamento operatório, ou seja, um *chip* meia-boca.

Como você pode saber isso?

Por duas vias. Uma, ela está o tempo todo engajada em diversas formas de agir, que é a defesa que ela organizou para descarregar as tensões ligadas à dificuldade de mentalização.

Ela disse que faz de tudo para "manter as mãos ocupadas e a cabeça vazia".

A outra é a transferência. Éléonore não é minha paciente, mas já atendi vários casos desse tipo. Se tiver curiosidade, escrevi um texto sobre isso chamado "Barulho. Silêncio. Trabalhando com os ecos da pulsão de morte" (Minerbo, 2016a). A contratransferência é muito típica: você sente que está lidando com uma pessoa que não tem ideia do que seja vida psíquica. As sessões são preenchidas por fatos, por descrições, tudo sem espessura emocional. E quando você tenta introduzir alguma espessura ao relato, você sente que está falando sozinho – exatamente o que a criança-nela deve ter sentido quando seus apelos em direção ao objeto operatório caíram no vazio.

Muito bom. Vamos passar agora para o segundo caso? Agora temos Emanuelle em comum! [Risos]

Novamente, muito obrigada pelo livro (Dumet & Ménéchal, 2005). Boas indicações são preciosas. Como eu disse, hoje vou fazer um recorte diferente. Ela vai nos ajudar a entender a depressão com tristeza.

Ótimo. Estou achando muito interessante esta experiência de ver um mesmo caso ser discutido por ângulos diferentes.

* * *

Mesmo você já tendo contado o caso (ver Capítulo 2), vou repetir para refrescar nossa memória. Emanuelle tem 25 anos, mora com os pais e está fazendo um doutorado. Sempre foi tímida e insegura. Quando vai ao cinema com amigos, todos comentam o filme, mas ela não consegue pensar em nada para dizer. Tem medo de dizer alguma bobagem, mas também sente que é inadequado ficar quieta. Tem amigas de infância, vai em festas, mas nunca namorou. Sabe que um dia vai ter de enfrentar isso, mas por enquanto "conseguiu escapar". Apesar do doutorado, diz que está perdida, não sabe o que fazer da vida, não consegue se projetar num futuro.

Aparentemente, não há nada de muito errado com ela. Mas logo se percebe que é uma adaptação de superfície. Ela gasta muita energia para parecer que está tudo bem. Procura ajuda na véspera das férias de verão porque está apavorada com o que chama de "vazio das férias". Os amigos vão viajar, cada um vai viver sua vida; a irmã vai fazer um aperfeiçoamento em ginástica. Ela... vai ficar sozinha com os pais, e provavelmente vai trabalhar na empresa do pai, onde conhece todo mundo. Quando o analista lhe pergunta se não pode manter contato com os amigos durante esse tempo, ela diz que não se vê telefonando "porque não teria nada para dizer".

Na segunda entrevista conta que ela é a filha mais velha, e que a mãe não quis uma segunda gravidez durante cinco anos para poder "curtir a primogênita". Essa decisão tem a ver com sua (da mãe) própria história: quando sua irmã nasceu, ela tinha 3 anos e foi mandada para a casa dos avós, numa cidade do interior. Sofreu muito porque só via a mãe aos domingos. Mas acabou repetindo a mesma história, pois, quando esperava a segunda filha, tentou mandar Emanuelle para a escola, mas a adaptação foi impossível, e assim, quando o bebê nasceu, a paciente passava os dias na casa da avó.

Na terceira entrevista, Emanuelle desaba. Desesperada, diz que sua vida é um fracasso, não vê saída, pensa em suicídio.

Nossa, acho que o analista não esperava isso!

Talvez intuísse, mas não nesse nível. Ele percebia o esforço dela para parecer que está tudo bem. Mas nesse momento ela chora e se desespera porque sabe que vai perder o objeto-tampão, o objeto "muro de arrimo", que tem a função de manter de pé um eu excessivamente frágil e dependente. Dá para entender de onde vem a angústia de separação.

Sei, no começo desta conversa você falou disso. O objeto é escolhido segundo o modelo anaclítico ou de apoio (Freud, 1914/2010b), isto é, da mãe que cuida.

Só que, nesse caso, esse objeto é o enquadre dado pela faculdade. Ela precisa que "alguém" se encarregue de organizar a vida para ela: as atividades acadêmicas que preenchem seu cotidiano e a presença das amigas. Sem esse enquadre, aparece o que você chamou de desempoderamento generalizado. Adotei o termo, viu só?

Estou gostando desta nossa coautoria!

Vemos também elementos melancólicos, a autodepreciação está lá, ela sente que a vida dela é um fracasso etc. Mas vamos falar disso depois, com o caso de Bárbara.

Achei interessante poder comparar esta paciente com Éléonore. Lá não havia afetos da linhagem depressiva. Aqui, a dor da perda é plenamente vivida em nível psíquico. E toda a fala é diferente, ela sabe o que é vida mental.

Sim. Ela tem um bom contato consigo mesma: sabe descrever a vivência de infelicidade e de futuro bloqueado pela impossibilidade de investir novos objetos.

O desempoderamento generalizado faz com que ela não possa ligar para as amigas, nem ter vida própria durante as férias. Ele também se manifesta como falta de autonomia: vai ter de ficar com os pais.

Tudo isso nos dá notícia do grau de dependência em relação ao objeto de apoio.

De fato, nesse tipo de organização psíquica, a separação sujeito-objeto não se completou, quer dizer, o objeto não foi suficientemente representado em nível psíquico, o sujeito não conseguiu retomar internamente as funções psíquicas realizadas por ele. Nesse caso, não tanto a função de simbolização, mas outras que são necessárias à conquista da autonomia.

E isso não é de hoje. A angústia de separação está presente desde a infância: aos 5 anos não conseguiu se adaptar na escola. Então que condições o objeto precisaria ter oferecido no vínculo primário para que a separação sujeito-objeto fosse possível?

Você lembra que no começo desta conversa falamos sobre como a possibilidade de perder o objeto depende de uma boa combinação presença/ausência, e que isso era principalmente uma questão qualitativa – qual foi o *modo* de presença e de ausência.

Como sabemos, lá pelas tantas a mãe precisa ir retomando sua vida, vai falhar um pouco, frustrar a criança. Esta ausência necessária vai desencadear sua (da criança) agressividade. Ao mesmo tempo, a mãe precisa ter um modo de presença para dar respostas adequadas a essa agressividade.

Eu sei, Winnicott (1958/1998) falou na importância da sobrevivência da mãe.

Perfeito. Assim, nós precisamos entender por que certas mães não sobrevivem minimamente à agressividade da criança.

Boa pergunta! Nunca pensei nisso!

Para responder, precisamos lembrar que não basta a mãe sobreviver aos ataques explícitos da criança frustrada. Isso vale também para todos os seus pequenos movimentos de autonomia. Pois a afirmação de algo próprio envolve sempre alguma "agressividade" contra o outro. Ou pelo menos pode ser interpretado assim.

Entendo as aspas. Os movimentos de autonomia representam uma luta do bebê "a favor" do eu, e não "contra" a mãe. Mas ela pode sentir que é contra ela.

Isso mesmo. Ela pode se ofender. Ou pode ficar triste, se sentir rejeitada. Nessas duas situações, ela não vai aguentar os movimentos de autonomia do bebê. Não vai sobreviver.

Poderia dar um exemplo?

O bebê precisa ter seus momentos de retração autoerótica nos quais ele quer ficar curtindo "suas coisas". É um movimento de autonomia. A mensagem é: "agora não preciso de você, preciso ficar sozinho, me deixe em paz". São aqueles momentos de "ficar só na presença da mãe" tão bem descritos por Winnicott (1958/1998).

Entendo. Nesses momentos, a mãe também precisa conseguir ficar só na presença da criança. Nesse sentido, ela realmente precisa "sobreviver" ao movimento de autonomia da criança. E isso pode não acontecer.

Exato. É quando a mãe precisa usar a criança como muro de arrimo. Ou seja, a própria figura materna teve dificuldades com a separação sujeito-objeto. Como ela mesma não conseguiu fazer o luto pela perda do objeto, viverá a autonomia da criança como rejeição e/ou abandono (Klautau & Damous, 2015). Vai se deprimir, que é uma das formas de não sobrevivência do objeto.

Pensando naquela boa combinação entre presença e ausência, com este modo de presença que estamos vendo agora, ela nem vai conseguir se afastar e retomar sua vida, frustrando a criança na medida necessária, nem vai permitir que a criança se afaste dela para não se sentir abandonada.

Pode imaginar as consequências? A criança se verá privada da possibilidade de conquistar sua autonomia e de viver para si. Vai ter de viver para ser muro de arrimo do outro, mas também vai depender do outro como muro de arrimo próprio – já que não terá conquistado a sua própria autonomia! Cria-se uma situação de codependência entre sujeito e objeto.

Você fala em muro de arrimo, mas pensei numa imagem melhor. Imagine duas cartas de baralho em que uma se apoia na outra para que ambas fiquem de pé. É uma situação de codependência. Nenhuma pode sair do lugar, senão a outra cai.

Gostei! Muito melhor, realmente.

Parece ter sido o caso de Emanuelle. Sua mãe foi separada da própria mãe quando nasceu sua irmã. Foi enviada para a casa da avó, numa cidade do interior. Por isso, quando Emanuelle nasceu, não quis outro filho durante 5 anos para poder "curtir a primeira plenamente". Podemos escutar esse material como "se agarrou à filha para compensar o buraco deixado pela relação insuficiente com sua própria mãe".

A depressão com tristeza tem a ver, então, com esse duplo movimento: o sujeito teve sua vida sequestrada pelo objeto, e ao mesmo tempo renunciou à própria autonomia.

É o que eu acho. Essa codependência vai deixando o sujeito infeliz, apático, desvitalizado. O desempoderamento pode ser tão grave que a pessoa acaba desistindo de ter vida própria. É a forma *crônica* da depressão com tristeza. Quando há perda do objeto, temos também a forma *aguda*.

Emanuelle parece ser um bom exemplo das duas. Sempre foi tímida, não consegue se colocar no grupo de amigos. Tudo indica que faz um doutorado por fazer, para poder continuar apoiada sobre o enquadre oferecido pela faculdade, e não como um verdadeiro projeto de vida. As entrevistas foram desenhando uma pessoa apagada, desvitalizada, sem iniciativa, sem vida própria, e sem autonomia suficiente para ter opiniões ou para telefonar para uma amiga durante as férias. É a depressão crônica. Quando se depara com o "vazio das férias", descompensa e se precipita na depressão aguda.

Muito bom! Realmente, você trouxe muitas coisas novas em relação à nossa conversa anterior sobre Emanuelle (Capítulo 2). Outro recorte. Bacana.

Ufa, agora realmente preciso fazer uma pausa! Depois vamos conversar sobre Bárbara e a depressão melancólica.

Combinado!

* * *

Bárbara tem 30 anos, é solteira e mora com os pais. Procura análise porque está deprimida. Sempre foi difícil levantar da cama e começar o dia. Não tem energia para investir nas atividades, ou então desanima logo. A vida é pesada e sem graça. Tem poucos amigos. Não gosta de sair com eles. Prefere ficar em casa vendo séries. Investigando um pouco, descobrimos que se esconde do mundo porque não se sente suficientemente interessante. Pelo mesmo motivo, acabou se isolando profissionalmente. Por isso, apesar de ser muito capaz, acabou num emprego sem grandes exigências, tocando projetos pouco estimulantes, o que a deixa frustrada.

Pergunto o que seria ser "suficientemente interessante". Responde que, para se sentir bem com os amigos, precisaria entender de arte, literatura, cinema, política etc. Se ofende e se sente mal quando percebe que sua conversa "não repercute". Pergunto o que seria "repercutir"? Responde que seria "virar assunto no grupo".

Puxa, que exigência consigo mesma! Desse jeito a vida fica difícil!

Fica mesmo. Janine Chasseguet-Smirgel (1992) cunhou a expressão "doença do ideal" para falar dessa busca louca por um ideal inatingível. Vale tanto para um ideal de perfeição quanto para a busca pela felicidade perfeita, inatingível.

A pessoa funciona na lógica do tudo ou nada: ou sou perfeito, ou não tenho valor nenhum para meu objeto – e, portanto, para mim mesmo. Como a condição para merecer o amor do objeto é ser perfeito, e isso não é possível, a pessoa sofre porque tem certeza de que não é "gostável". Perdeu, ou vai perder, o amor do objeto. A vivência é de futuro bloqueado.

Ah, é por isso que a autoestima sofre tanto!

Sim, o eu vive massacrado pelas críticas do supereu cruel (Freud, 1917/2010d). É a voz dele que Bárbara reproduz, de forma totalmente alienada, quando diz "eu não sou gostável". Frente a esse massacre, a pessoa sente vergonha de ser quem ela é.

Ela só pode se esconder do mundo!

No limite, o suicídio é visto como forma de livrar a pessoa amada de sua presença.

Mas isso é um delírio!

Exatamente. Eu acho que, mesmo quando não se chega a esse extremo, a certeza de "não ser gostável", resultado do massacre do supereu cruel, poderia ser considerada um microdelírio. Essa certeza está lá o tempo todo, silenciosa e invisível a olho nu. A gente só percebe os efeitos dela, como isso de se esconder do mundo. Não deixa de ser um microssuicídio, ou uma forma de ir morrendo em vida.

O pior é que muitas vezes o paciente nem percebe, já que ele convive com isso desde sempre e acha que é assim mesmo. Mas é essa certeza, esse microdelírio, que dá um colorido sombrio e melancólico ao cotidiano de Bárbara.

Mas ela não tem ninguém que mostre para ela que "é gostável"?

Tem, mas não adianta. Por isso é um microdelírio. Ela não diz "estou me sentindo *como se* eu não valesse nada". A certeza dela é impermeável à prova de realidade. Ela até pode saber intelectualmente que tem quem goste dela, mas isso não vale nada emocionalmente falando.

Posso abrir um parêntese, rapidinho? Como a psicanálise entende o delírio?

Em *Construções na análise* (1938/2018d), Freud sugeriu que o delírio é uma tentativa de cura, isto é, de dar algum sentido a elementos traumáticos ligados a uma verdade histórica. Posteriormente essa hipótese foi retomada, entre outros, por Piera Aulagnier (1989).

Aprofundando essa hipótese freudiana, Roussillon (1999) vê o delírio como uma forma peculiar de ligação não simbólica do trauma. "O delírio é uma tentativa de ligação simbólica secundária de uma experiência traumática primária não simbolizada primariamente" (p. 34).

Ou seja, a sutura do trauma precoce é feita graças a uma representação que se fixa e se torna "dura" como cimento depois que seca. Resolve o problema, mas perde qualquer possibilidade de ser metaforizada. A representação-cimento, ou microdelírio do melancólico, é sempre "não sou digno do amor do objeto".

Só que essa voz não está subjetivada, quer dizer, não está integrada ao eu. Não é o sujeito falando. É a voz do outro-nele, a voz do supereu cruel que fala pela boca do paciente. Então parece que é ele que acha isso.

Entendo. É o outro-nele.

Se o microdelírio é uma tentativa de dar sentido a elementos históricos traumáticos, qual seria a "verdade histórica" no caso da depressão melancólica?

Roussillon gosta de sublinhar o trecho de *Luto e melancolia* em que Freud (1917/2010d) afirma que a melancolia tem a ver com uma *real ofensa ou decepção vivida na relação com o objeto amado*. Como diz Aulagnier (1989), a verdade histórica traumática sempre aparece tematizada no delírio.

Então, não deve ser por coincidência que o conteúdo do microdelírio do melancólico é justamente a perda do amor do objeto! Faz sentido!

A dor dessa perda é vivida no presente, ou está projetada no futuro. Isso lembra aquela afirmação de Winnicott (1974/2005), para quem o medo do colapso projetado no futuro na verdade já aconteceu. O delírio de Schreber (Freud, 1911/2010a) sobre o fim do mundo também projeta no futuro uma catástrofe do passado.

Entendo seu raciocínio. Você está supondo que algo análogo à perda do amor do objeto também já tenha acontecido no passado, na forma de "real ofensa ou decepção vivida na relação com o objeto primário". Essa seria a catástrofe que já aconteceu.

Isso mesmo. E, sendo tentativa de cura, o microdelírio cria um sentido para a catástrofe e resolve o problema. "Perdi o amor do objeto porque não sou o que ele esperava." Só que cria outro, porque é uma representação fixa, imutável, cimentada ao eu, que vai determinar toda uma forma de ser e de sofrer.

Vamos voltar um pouco a Bárbara? Quero entender melhor qual é a relação entre a suposta catástrofe da perda do amor do objeto no passado e a certeza de não ser gostável no presente. Como isso apare-

ce naquele fragmento de material que você trouxe – ela prefere ficar em casa a estar com os amigos porque sua conversa não repercute, não vira assunto no grupo? Tudo isso é carência afetiva? Parece que está querendo um tapete vermelho!

De fato, AnaLisa, podemos escutar esse material de duas maneiras.

Ela queria um tapete vermelho. Queria que todos parassem de conversar para ouvi-la. Que todos se interessassem o tempo todo por tudo o que tem a dizer. Fica decepcionada e ofendida quando isso não acontece.

Se for isso, o que significa? Que não conseguiu fazer o luto do narcisismo primário: ela, a *adulta*, continua querendo ser o centro das atenções, "Sua Majestade, o bebê" (Freud, 1914/2010b).

Ela precisaria renunciar a essa posição.

É verdade. Mas interpretar nessa linha não adianta nada, pois ela não consegue fazer o luto. Teríamos de nos perguntar: o que aconteceu, ou melhor, o que deveria ter acontecido, mas não aconteceu, na relação com o objeto primário?

De que outra maneira você escutaria "minha conversa não repercute"?

Podemos escutar a criança-nela – atenção: não a adulta, a criança-na-adulta! – contando algo a respeito do traumático. Por exemplo, que o objeto primário falhou em sua função reflexiva. Que seus movimentos pulsionais em direção ao objeto caíram no vazio. Que o olhar da mãe não lhe devolveu nada: "não repercutiu".

Na linha do que Green (1980/1988a) desenvolveu sobre a mãe morta?

Sim. O olhar vazio da mãe foi vivido como decepção narcísica, a mesma decepção que aparece hoje na relação com os amigos. Se escutarmos assim, teremos alguma ideia sobre a "real ofensa ou decepção" com o objeto primário de que fala Freud em *Luto e melancolia* (1917/2010d).

É, também faz sentido. E agora? Como saber quem devemos ouvir? Escutar a adulta? Ou a criança-na-adulta?

Na verdade, não precisamos escolher entre as duas escutas propostas. A adulta continua precisando de um tapete vermelho *porque* o objeto primário não repercutiu a criança o suficiente; porque ele não confirmou o seu narcisismo; porque não permitiu que ela vivesse, de modo suficiente, a *ilusão da plenitude narcísica*. Segundo Roussillon (2008c), "não se pode perder o que não se teve". É por isso que ela não pode fazer o luto do narcisismo primário.

E quais seriam as condições que o bebê precisa encontrar no vínculo primário para conseguir fazer esse luto?

O narcisismo primário do bebê se constitui na medida em que, e à medida que, a mãe permite que ele tenha a ilusão de autossuficiência, de gratificação total, imediata, tudo junto, ao mesmo tempo. É essa experiência inicial de plenitude – ilusória, mas vivida como real – que está na base de um bom narcisismo de vida. Suas marcas vão ser transformadas no ideal a ser reencontrado, só que agora na forma de *representação* da plenitude perdida (Roussillon, 2008a).

Você está sublinhando a palavra "representação", mas não entendo bem por quê.

É que faz toda a diferença você tentar recuperar o ideal perdido em si mesmo e tentar recuperar uma representação do ideal perdido. No primeiro caso, é a perfeição ou a completude que não existe na realidade. No segundo, o ideal é um ideal possível, toma em consideração o princípio de realidade, há esperança de gratificação e o futuro se abre.

Fazer o luto significa, então, se contentar com algo que se aproxima, mas não é idêntico ao ideal narcísico perdido.

Exato. Contentar-se com uma representação é se contentar com um símbolo da coisa em vez da própria coisa. Mas essa representação só pode ser criada se a ilusão narcísica primária tiver sido vivida de modo suficiente.

Começo a entender o que seria a tal "real ofensa ou decepção", em que você insiste tanto. E o que ela tem a ver com a expectativa de um tapete vermelho.

Num contexto de *decepção narcísica primária* não há traços mnésicos de perfeição e plenitude suficientes para serem transformados em *representação* do ideal perdido. O sujeito continuará atrás da perfeição/plenitude *em si mesmas* porque 1) acredita que isso é possível; e 2) a perfeição é vivida como condição para merecer o amor do objeto.

Voltando a Bárbara: ela continua visando a um ideal impossível. Para se sentir interessante teria de entender de tudo. Posso reconhecer a criança-nela tentando ser digna do olhar de encantamento da mãe. Só que deslocado para o grupo de amigos. Transferência é isso, não é?

É isso mesmo. Agora veja: por que o olhar da mãe não repercutiu nada? Quando ela disse "minha conversa não repercute", a imagem que me veio foi de uma bola que, jogada na areia fofa, não quica. Como a paciente ainda não descobriu o objeto como um outro-sujeito, não existe a possibilidade de a areia ser fofa. Não lhe ocorre que o objeto tem um psiquismo próprio, e que, se ele não repercute, pode ser por mil razões: está deprimido, angustiado, colado ao seu próprio objeto primário etc.

Nesse contexto, imagino que a conclusão inevitável é de que a bola não quica porque está murcha. A insuficiência é dela: "eu não sou gostável".

Pois é. As crianças constroem teorias sobre tudo para poder dar sentido ao que vivem. Aqui não se pode dizer que a conclusão seja absurda. Mas ela vai precisar ser desconstruída. Por isso é importante poder escutar a expressão "não repercute" também como representação da falha na função reflexiva materna.

E onde entra a "sombra do objeto que cai sobre o eu", que Freud relacionou à constituição do supereu que ataca o eu na melancolia? Percebo que deve ter a ver com a falha na função reflexiva, mas não consigo ir mais longe.

Boa pergunta. Imagine uma mãe deprimida que não consegue ficar encantada com seu bebê. Ele olha, e o olhar está vazio. O olhar vazio é uma sombra que cai sobre o eu. Essa sombra, que tem a ver com o inconsciente materno, embaça a função reflexiva.

Um olhar vazio, de fato, não reflete nada. A criança se identifica com esse nada.

Ou reflete algo como "você é um fardo para mim". Para uma mãe deprimida, a criança não é preciosa, e sim um fardo. O bebê vai ter de fazer alguma coisa com essa informação. Vai se identificar com essa sombra: "não tenho valor para ela, ela não me ama, sou um fardo".

Entendo. Faz sentido. O não investimento, ou desinvestimento, o olhar vazio, é uma sombra que cai sobre o eu. O eu passa a se ver como não precioso para seu objeto. Realmente, dá para relacionar tudo isso com o microdelírio de perda do amor do objeto, como você dizia antes.

Isso mesmo. Quer outro exemplo de sombra do objeto que também vai resultar num microdelírio de perda do amor?

Tem outro?

Tem, sim, AnaLisa. O investimento negativo por parte do objeto primário. Aqui não temos um olhar vazio, como estávamos falando, mas um olhar cheio – só que cheio de ódio. Claro que isso é traumático e incompreensível.

Estou lembrando da nossa conversa sobre o supereu cruel (Capítulo 4). Você falava exatamente disso, dos microvotos de morte que o aspecto paranoico da mãe dirige à criança durante seus microssurtos psicóticos (Minerbo, 2015).

Que bom! Então não preciso retomar tudo isso. Aqui também a criança vai ter de dar algum sentido a essa sombra bizarra e traumática – "ela me vê como a encarnação do mal e me odeia por isso".

E vai se identificar com essa sombra. "Sou do mal."

Exato. A representação delirante é que sutura o trauma, ele não fica aberto. A representação que se fixa como cimento é: "sou do mal, e é por isso que não mereço o amor do objeto". Microdelírio.

Então temos duas sombras diferentes na origem da depressão melancólica. O olhar vazio, e o olhar cheio de ódio. As identificações que o bebê vai constituir são "não sou amado porque não tenho valor", e "não sou amado porque sou mau". São dois microdelírios de perda de amor do objeto.

Perfeito!

E como evoluiu essa análise?

Melhor do que eu esperava. Os casos mais difíceis são aqueles em que a criança se identificou ao mal que foi projetado nela pelo aspecto paranoico da figura parental. "Sou do mal e não mereço existir; só serei amado quando eu não existir mais." Aí ela vai atuar os microvotos de morte pela vida afora. São aquelas pessoas em que a pulsão de morte está em primeiro plano.

São autodestrutivas.

Tendemos a ver isso como autodestrutivo porque elas, de fato, conseguem se destruir. Mas se quisermos ajudá-las, temos de conseguir ver nessas atitudes extremas a tentativa de morrer para, finalmente, merecer o amor do objeto.

Nossa! Que escuta diferente! E suponho que tudo isso seja inconsciente, é claro.

Totalmente inconsciente.

Por sorte, o microdelírio de Bárbara é bem mais brando: "não tenho valor e não mereço o amor do objeto porque não sou perfeita". Em certo momento sou brindada com uma novidade importante. Não são conquistas definitivas, há avanços e recuos. O cimento amolece e endurece de novo. Mas escute só o que ela disse:

B – Levei meu cachorro no veterinário. Na fila, havia uma senhora com um cachorro sem uma pata. Achei incrível perceber que ela amava seu cachorro mesmo sem uma pata. Eu não seria capaz disso.

Ela descobriu que é possível amar um cachorro que não é perfeito!

Não é incrível? Esse fragmento traz uma primeira representação do processo de luto do narcisismo primário. As transformações se sucedem. Começa a perceber a mãe sob outra luz. No lugar de uma pessoa má e mesquinha, que não queria receber a filha "para não ter o trabalho de coar um café", surge uma senhora idosa, assustada com a perda das funções cognitivas e desamparada desde a viuvez. Disse que vem estranhando o mundo e a si mesma. Este pequeno fragmento diz tudo:

B – Perdi minha depressão. Parece que tiraram uma tampa.

M – Como assim?

B – Desenroscaram a tampa do tubo de pasta de dente e agora tudo flui. Fui num jantar e levei uma sobremesa. No dia seguinte uma amiga ligou para dizer que adorou e que queria a receita.

M – Quer dizer que sua sobremesa repercutiu?

B – [Risos] Sim, repercutiu. Antes, se me pedissem a receita, eu teria certeza de que a pessoa só estava sendo gentil. Mas dessa vez eu acreditei. Ela realmente tinha gostado, e realmente queria a receita. É isso que está tão diferente.

Puxa, Marion, já escureceu. Estamos aqui há um tempão, mas a verdade é que nem senti o tempo passar. Eu nunca tinha visto um "painel" sobre as depressões como este que você está propondo. Achei muito útil do ponto de vista clínico. Por isso, antes de nos despedirmos, quero tentar fazer uma síntese do que entendi.

Fique à vontade! Tenho o maior interesse em saber o que foi que você entendeu e reteve de tudo isso.

Você começou trazendo uma queixa comum na clínica, "estou deprimido". Eu não imaginava que, abrindo esse pacote, descobriríamos três tipos de infelicidade, todas acompanhadas da vivência de futuro bloqueado: infelicidade difusa, por desempoderamento e por autodepreciação.

Com a ajuda de Éléonore, Emanuelle e Bárbara, você mostrou como cada tipo de infelicidade tem a ver com um núcleo inconsciente diferente, o qual se constituiu na relação com um modo de presença/ausência específico do objeto primário.

Descreveu, então, três depressões: sem tristeza, com defesas do tipo comportamental; com tristeza, por renúncia à própria autonomia e impossibilidade de viver para si; e melancólica, com microdelírios de perda do amor do objeto.

Vimos com algum detalhe os núcleos inconscientes subjacentes a cada uma. E você propôs uma hipótese que me pareceu bem interessante – e ousada. Sugeriu que os núcleos se organizam em função de modos específicos de presença/ausência do objeto primário: vínculo operatório, vínculo em codependência, e vínculo com desinvestimento/investimento negativo do sujeito por parte de seu objeto primário.

Curti muito perceber qual é o seu método de trabalho – achei que é uma maneira interessante de se fazer pesquisa em psicanálise. Você partiu da descrição fenomenológica das infelicidades e foi se aprofundando em direção aos modos de funcionamento psíquico em cada tipo de depressão.

Fico feliz que tenha prestado atenção nisso!

Bem, acho que podemos ficar por aqui. Muito obrigada.

Espere um pouco, AnaLisa! Só para terminar, quero lembrar que discriminamos três formas de depressão, mas na clínica elas podem se sobrepor. E isso pela boa razão de que o objeto primário é sempre mais complexo do que é possível reconstruir a partir da transferência. Ele pode apresentar aspectos de funcionamento operatório, aspectos de codependência e também projetar uma sombra de ódio sobre o eu precoce. Além de mil outras possibilidades.

É sempre bom lembrar da complexidade da vida como ela é.

Marion, depois desta conversa sobre depressões, surgiu uma questão. Até que ponto as formas de ser e de sofrer têm a ver com a cultura? E a neurose e a não neurose, temas da nossa primeira conversa, têm a ver com a cultura? Será que há algum tipo de sofrimento psíquico típico da nossa época?

AnaLisa, como sempre, excelentes questões. Há, sim, uma relação entre as formas típicas de sofrimento psíquico e as características da cultura. Vamos falar disso no nosso próximo encontro.

6. Ser e sofrer hoje

Olá, AnaLisa, sobre o que gostaria de conversar hoje?

Olá, Marion! Em uma de nossas conversas (Capítulo 1), falamos sobre os processos de constituição dos núcleos neuróticos e não neuróticos do psiquismo, e de como esses núcleos se expressam e são manejados na transferência. Gostaria de propor uma questão para a conversa de hoje: será que as formas de adoecimento em uma sociedade estariam, de algum modo, relacionadas ao seu momento histórico? Por exemplo: de uns tempos para cá, os autores que tenho lido, como André Green e Roussillon, têm se dedicado a aprofundar o estudo do sofrimento não neurótico. Quando Freud começou, ele se deparou inicialmente com as neuroses, que pareciam estar em primeiro plano. Em que medida a cultura de cada época e lugar influencia a constituição da subjetividade e, assim, as formas de adoecimento psíquico?

Sua questão é muito pertinente. Me fez lembrar de uma cena que presenciei num almoço de domingo, em um restaurante em São Paulo. Havia ali várias mesas com famílias, casais e uma com quatro amigas sexagenárias, com suas pérolas e laquê no cabelo. Levou um tempo para que eu visse o casal de homens gays.

Estavam escondidos?

Ao contrário, era uma mesa em evidência. Dois rapazes bonitos, musculosos, tatuados. E um carrinho de bebê. Um dos rapazes ficou o tempo todo cuidando do filho. Na hora de ir embora, exibiu com orgulho o bebê para um casal de outra mesa. Já na calçada o casal foi efusivamente cumprimentado por um amigo que chegava. Não vi o casal de gays porque demorei a perceber que naquele espaço conviviam tranquilamente referências modernas e pós-modernas (Minerbo, 2011).

Nossa, há poucos anos essa cena seria inconcebível!

Pois é. Pensando na sua questão, de como a cultura determina as formas de ser e de sofrer, até um tempo atrás – eu não sei precisar quanto –, uma instituição, a família patriarcal, determinava com exclusividade como as pessoas podiam e deviam viver.

Ainda que existissem casais gays – e certamente eles existiam –, dificilmente eles teriam filhos e, mais que isso, jamais se exporiam num restaurante. Agora isso é possível...

Exatamente. E isso reflete uma mudança profunda na ordem simbólica e nas instituições que encarnam e reproduzem os valores que essa ordem institui. Na modernidade, a instituição família era um grupo formado necessariamente por um casal heterossexual, eventualmente com filhos. Hoje, na pós-modernidade, esse conceito é mais abrangente, e pode incluir outras formas de agrupamento. Então, relacionando esses dois momentos da nossa civilização com formas típicas de sofrimento psíquico, propus a seguinte ideia: o sofrimento neurótico estaria relacionado com a rigidez das instituições na modernidade, enquanto o sofrimento não neurótico ou narcísico, com a crise dessas mesmas instituições na pós-modernidade (Minerbo, 2007).

Só para eu não me perder, o que você entende por modernidade e pós-modernidade?

Ótima questão. Vamos lá.

A modernidade é um momento da civilização ocidental que se caracteriza pela solidez das grandes instituições – refiro-me a: família, educação, política, religião –, as quais têm o poder de determinar, com exclusividade, a maneira possível e desejável de pensar, sentir e agir. Há o certo e o errado, o bom e o mau. O sistema simbólico vigente "solda" um significante a um significado, que então parece único e natural. Por exemplo: família = casal heterossexual, de preferência com filhos, como tinha comentado há pouco.

Entendi. A modernidade, pelo que percebo, é a época em que Freud viveu, trabalhou e formulou suas hipóteses.

Sim, isso mesmo. Podemos acrescentar que na modernidade o laço simbólico que une significante a significado é *rígido*, e os valores instituídos são considerados absolutos e universais. Disso decorre uma forma de subjetividade que se esforça para caber dentro do que é considerado legítimo.

Parece um tanto restritivo...

Acho importantíssimo a gente ter em mente que há vantagens e desvantagens. Senão, ficamos parecendo aquelas pessoas saudosistas.

Minha avó não para de dizer que antes, sim, é que era bom.

[Risos] Eu também sou avó, mas não penso assim.

A vantagem de haver instituições fortes é que as referências identitárias a partir das quais nos constituímos estão dadas e são vividas como sólidas e confiáveis.

A desvantagem é que há poucas opções de vida consideradas legítimas. Nesse contexto cultural, quem não cabe no modelo único sofre, e se culpa, por se sentir – e por ser, efetivamente, – diferente e desviante da norma.

Começo a perceber por que você relaciona isso com as formas de ser e de sofrer.

Já lhe disse que é um prazer conversar com você porque você "pega" as ideias rapidamente.

Do ponto de vista psicopatológico, a modernidade produz uma forma de sofrer típica que chamamos *neurose*. O sofrimento neurótico é produzido pela obrigatoriedade de se adequar a uns poucos modos de ser. Por exemplo, a vida libidinal da mulher burguesa no século XIX tinha de caber nos papéis de boa filha, esposa dedicada e mãe prestimosa.

Nesse plano sociocultural – porque há também, é claro, o plano intrapsíquico –, o sofrimento histérico expressava o mal-estar ligado à estreiteza das possibilidades de sublimação que a modernidade oferecia à mulher (Kehl, 2008).

Isso faz todo sentido! Ao mesmo tempo que essas instituições dão maior segurança e um lastro identitário aos sujeitos, quem não cabe naquilo que está instituído e é valorizado acaba sofrendo.

Essas pessoas ficam sem um lugar social considerado legítimo. Ou se apertam para caber, ou se tornam marginais – ficam à margem do sistema.

Que bom que isso mudou nessas últimas décadas! Basta ver a cena que você descreveu no restaurante. Estaríamos então na pós-modernidade?

Sim! Chamamos de *pós-modernidade* este momento da história da civilização em que as grandes instituições que serviram de base para a civilização ocidental entram em crise.

Aqueles valores sólidos e inquestionáveis das instituições modernas perderam a sua força.

Exato. Houve uma espécie de falência de um modelo único.

Vai ver que faliu porque foi ficando cada vez mais rígido.

Pode ser. Mas veja só: se isso, por um lado, pode ser vivido como libertação, por outro, pode ser sentido como como falta de chão. O laço simbólico, que "soldava" um significante a um significado, tornou-se frágil e corrediço. Com isso, os sentidos se relativizaram, ou seja, já não acreditamos com certeza inabalável que família equivale a um casal heterossexual com filhos.

Apesar do desamparo que a crise das instituições provoca, me parece positivo. Será que dá para fazer um estudo da relação custo--benefício? [Risos]

[Risos] Essa relação é muito variável de pessoa para pessoa. Sua pergunta me alerta para o fato de que essa divisão, modernidade *versus* pós-modernidade, nem é tão marcada assim. As pessoas podem ser modernas em alguns assuntos e pós-modernas em outros.

Interessante! Eu mesma me reconheço nisso que você acabou de dizer.

Então, como eu dizia, essa mudança tem vantagens e desvantagens.

A vantagem da crise das instituições é que a fragilidade do símbolo pode ser aproveitada de forma criativa para que novos laços simbólicos sejam constituídos: as pessoas podem se reinventar. Há espaço para que novas formas de viver se tornem possíveis, contemplando a singularidade do desejo. O casal de homens gays do restaurante – e tantos outros – reinventou a família.

Isso significa liberdade para a vivência e a expressão do desejo de cada um.

Sem dúvida! Porém, a desvantagem é que cada um tem de se reinventar a partir de si mesmo, já que não conta com o apoio simbolizante das instituições. E tem mais: nesse novo contexto, ser "diferente" se tornou, se não obrigatório, pelo menos desejável. É uma tarefa solitária, angustiante e exaustiva. A subjetividade tem de se constituir em meio a um estado de depleção simbólica – situação em que instituições frágeis não têm lastro, nem credibilidade, para produzir "significações operantes" – o termo é de Castoriadis (1975/2000).

Imagino que, nesse contexto, o sofrimento causado por esse desamparo e mesmo pelo imenso trabalho de "se inventar" em meio a instituições frágeis seja completamente diferente do sofrimento neurótico.

Tem razão. Veja só: o psiquismo depende das significações oferecidas pelas instituições para poder atribuir algum sentido à realidade e simbolizar as experiências emocionais. Na ausência de verdades absolutas, tudo é possível; há liberdade, mas também há a obrigação de encontrar seu próprio caminho.

E quem não consegue fica perdido, sem chão, sem rumo – sem projeto de vida. Vários amigos meus estão nessa situação.

Então agora dá para entender como essa insuficiência e fragilidade das instituições e do símbolo produzem as várias formas do mal-estar na pós-modernidade. Se as instituições excessivamente fortes causam um tipo de mal-estar na civilização, as instituições excessivamente frágeis, por sua vez, resultam em outro tipo de mal-estar.

E que tipo de mal-estar seria esse?

Para entendermos esse mal-estar, temos de compreender, antes, uma importante função psíquica que as instituições assumem para nós.

Do ponto de vista psicanalítico, as instituições "existem para nos aliviar de angústias e para conter nossa loucura, vale dizer, para conter o que, na mescla de isso e supereu arcaico, jamais encontrará como destino possível a simbolização e a integração egoica" (Figueiredo, 2009, p. 207).

O que significa isso?

Em outras palavras: a parte mais primitiva de nosso psiquismo se deposita na instituição, que se encarrega de "contê-la". E vice-versa: a instituição forma o pano de fundo de nossa vida psíquica. É por isso que as crises institucionais são tão traumáticas e desorganizam tanto as pessoas. É que na impossibilidade de simbolizar e de integrar as experiências, as pulsões ficam desligadas de representações. E pulsões desligadas são sempre forças selvagens, em estado bruto, não domesticadas. Elas desorganizam o eu. Por isso, o psiquismo é obrigado a lançar mão de defesas radicais – e é aí que entramos no campo da psicopatologia psicanalítica.

Estou acompanhando. Só não entendi muito bem essas pulsões desligadas em estado selvagem. É isso que Freud chamou de pulsão de morte?

De certa forma, sim. Não existe uma pulsão de morte concretamente falando. Pulsões são hipóteses teóricas necessárias para dar sentido à clínica. Freud falou delas como "nossa mitologia". Mas existem regimes de funcionamento mental marcados pela insuficiência da capacidade de fazer trabalho psíquico, o que prejudica muito a vida das pessoas. Dizemos, então, que a pulsão de morte predomina sobre a pulsão de vida.

Muito interessante! Isso me fez pensar em como se expressa, na vida e na clínica, esse sofrimento característico da pós-modernidade.

Bem observado. Como já comentamos, o mal-estar na pós-modernidade está ligado à fragilidade do símbolo, e é um sofrimento existencial, vem no pacote da forma de subjetividade da época.

Entendo: é uma forma de ser.

Agora, para pensar a clínica, precisamos sair do plano existencial e passar para o da psicopatologia.

Em um dos extremos encontramos o sofrimento ligado à experiência de vazio, de falta de sentido e de tédio existencial. No outro, atuações dos mais variados tipos, nas quais a violência pulsional permeia as relações intersubjetivas.

Ah, quer dizer que as formas de sofrer vêm junto com o pacote das formas de ser!

[Risos] Isso mesmo. Dito de forma mais chique, essas formas de sofrer são necessariamente consubstanciais à forma de ser.

Estou curiosa!

Mas, antes de aprofundar essa discussão, precisamos falar um pouco sobre a mediação necessária entre a crise das instituições no nível sociocultural e o sofrimento psíquico individual.

É verdade. Como e por que uma resulta na outra?

Pois bem: é o símbolo, ou melhor, sua insuficiência, que faz a mediação entre o nível sociocultural e o individual. Brinquei um pouco com a ideia de que a depleção simbólica no nível cultural produz uma espécie de "anemia psíquica" no nível individual (Minerbo, 2009).

Depleção? Não conheço essa palavra.

O termo "depleção" vem da medicina e significa redução de alguma substância no meio celular, com prejuízo de seu funcionamento. A depleção de ferro no organismo, por exemplo, produz anemia, acarretando extrema fraqueza e falta de ar.

Agora, sim! Pelo que já conversamos, é mesmo uma boa imagem para descrever o que vem acontecendo com o aparelho psíquico e seu funcionamento no mundo contemporâneo.

O sujeito vai ser obrigado a encontrar mecanismos compensatórios para a tal "anemia psíquica", o que nos levará, já, já, ao campo da psicopatologia psicanalítica.

Entendi. Assim como o corpo precisa adaptar seu funcionamento à falta de ferro, também o psiquismo terá de lançar mão de recursos e defesas para se estruturar em meio a essa insuficiência/fragilidade do símbolo.

É isso aí! E podemos pensar essa depleção simbólica em dois planos: no nível "macro", o das grandes instituições sociais no seio das quais nos subjetivamos, como comentamos no começo da conversa; e também no nível "micro", envolvendo a relação do bebê com seus objetos significativos.

Antes disso, AnaLisa, eu preciso de um intervalinho para um café. Pode ser?

Claro, eu também vou aproveitar para olhar as mensagens no meu celular. Senão "bate" aquela síndrome de abstinência [risos].

* * *

Você estava dizendo que a depleção simbólica poderia ser pensada no plano macro e micro. Entendi bem o macro. Mas e esse "micro"?

Como você sabe, uma parte essencial da função materna é ler e traduzir o bebê para ele mesmo: "isto é fome; isto é raiva". Mas ela também lê e traduz o mundo para ele: "isto é bom/mau; isto é perigoso/seguro; isto tem valor/é desprezível; isto é proibido/obrigatório". Falamos sobre isso quando conversamos sobre as depressões, lembra (Capítulo 5)?

Ou seja, a função materna institui sentidos para o bebê, e por isso tomo a liberdade de entendê-la como uma microinstituição.

Ah! Faz sentido!

E, como você também sabe, pelo simples fato de oferecer algum sentido – qualquer sentido – essa microinstituição promove o "apaziguamento simbolizante" – o termo é de Roussillon (1999).

O que isso quer dizer?

Que quando as pulsões em estado selvagem podem ser ligadas a um sentido, a uma representação simbólica, elas são domesticadas – Freud dizia "domadas". Inversamente, a ausência de sentido impede a ligação das pulsões, ou promove seu desligamento, o que é profundamente desorganizador para o psiquismo.

Gostei dessa ideia da função materna como uma microinstituição. O bebê precisa que alguém lhe ofereça símbolos porque eles são os sentidos nos quais a subjetividade vai se apoiando para se constituir. Se a oferta de sentidos nesse plano micro da relação bebê-objeto primário for insuficiente ou ausente, esse processo constitutivo ficará prejudicado.

Isso mesmo. E temos aí um agravante: a crise das instituições no mundo contemporâneo inclui, como não poderia deixar de ser, as duas microinstituições mais diretamente ligadas à constituição do sujeito psíquico: a psique materna e a família edipiana. Se antes a jovem mãe contava com as "certezas" dadas pelas instituições modernas – a família ampliada, a comunidade e os pediatras –, agora ela é obrigada a criar, a partir de si mesma, em meio a um relativismo absoluto de valores, o que é bom e o que é mau, o que é certo e o que é errado.

Dá para imaginar a angústia da mãe, que certamente vai transbordar para a relação com o bebê.

Da mesma forma, o pai tinha "certezas" sobre qual era o seu papel. Só que a crise das instituições afetou diretamente sua maneira de perceber tanto sua masculinidade quanto sua paternidade. Ambos, mãe e pai, ficam desamparados do ponto de vista desse aspecto de sua identidade.

Uma espécie de "desamparo identitário" (Muszkat, 2011)?

Exatamente. O casal gay do restaurante que reinventou a família terá, também, de reinventar, a partir de si mesmo, a forma de parentalidade que lhes convém – e que lhes é possível – para educar seu filho.

Não sei se você sabe, mas existem várias comunidades virtuais no Facebook e blogs em que as mães conversam sobre a criação de seus filhos, compartilhando dúvidas, angústias e os caminhos que encontram para lidar com as dificuldades da maternidade. Acho que essas comunidades são recursos que as mulheres encontraram para reduzir um pouco o isolamento e o desamparo produzidos por essa "falta de certezas" que você comentou.

Sim! Eu já ouvi falar desses espaços virtuais de diálogo entre mães. Uma amiga me contou, inclusive, que uma dessas comunidades tem o sugestivo nome "Salto alto e mamadeira" e parece que conta com quase duas mil mães! É gente, né? Talvez o casal gay também conte com uma comunidade virtual que funcione como uma rede de continência afetivo-simbolizante.

Pois é. Imagino que existam outras comunidades (de gays, de pai/mãe solteiros etc.) com essa mesma finalidade. Afinal, a condição de desamparo identitário é para todos.

Estava pensando aqui nas consequências desse estado de depleção simbólica na constituição da subjetividade. Quer dizer, o que acontece quando as macro e micro instituições estão em crise e as pessoas têm que viver nesse caldo de incerteza e desamparo?

Ótima pergunta! Você foi direto ao cerne da nossa discussão de hoje! Vamos com calma... Bom, a subjetividade que se constitui em meio à depleção, ou, em muitos casos, em meio à miséria simbólica, está sujeita a experiências emocionais que excedem sua capacidade de elaboração.

Experiências potencialmente traumáticas, portanto.

Sim. Isso afeta a constituição do eu e o obriga a lançar mão de certas defesas – e aí já entramos no campo da psicopatologia. Essas defesas resolvem um problema, mas criam outro – e, nesse sentido, poderão ser extremamente custosas para o indivíduo e para a sociedade.

Será que há uma saída melhor, menos custosa?

Você quer saber como podemos amenizar a miséria simbólica, e o sofrimento decorrente dela? Acho que o melhor caminho é o fortalecimento não enrijecido das instituições tanto em nível macro quanto micro. E isso por uma razão simples: são elas que podem promover uma espécie de "reposição simbólica".

Entendo. Isso ameniza o desamparo identitário e melhora a anemia psíquica.

O perigo é o movimento pendular: para sair da crise, ir para o extremo oposto, ressuscitando o modelo único e a rigidez inicial.

É preocupante ver como muitos setores da sociedade estão se tornando extremamente conservadores.

Mas se for possível reconstruir a credibilidade e a confiança nas instituições sem cair nesse extremo, isso aliviaria bastante o sofrimento existencial e psicopatológico.

Tomara que seja possível!

Você falou de depleção, e depois usou o termo miséria. Fiquei um pouco confusa.

Foi bom você ter perguntado, porque a palavra miséria pode gerar mal-entendido. No nosso caso aqui, a miséria simbólica não tem relação necessária com a classe social. Famílias das classes A e B podem ser absolutamente miseráveis desse ponto de vista, como vemos diariamente em nossos consultórios. Por outro lado, a inclusão cultural das classes desfavorecidas é um fator terapêutico indiscutível.

Sim, conheço vários projetos sociais e culturais que fazem isso.

E, já que estamos desfazendo possíveis mal-entendidos: é bom lembrar que a inclusão cultural é completamente diferente da assim chamada inclusão social, que costuma ser medida pelo aumento do poder de consumo da população.

Ah, sim. A inclusão cultural por meio da arte, música, literatura, esportes vai oferecer símbolos, significações e referências a quem não tinha acesso a nada disso. Enquanto a inclusão social só permite que as pessoas comprem coisas.

É importante, claro, mas não resolve o problema.

Mas voltando: você falava que a subjetividade que se constitui em meio à miséria ou à depleção simbólica estará sujeita a experiências emocionais que não consegue elaborar.

E por isso a psicopatologia contemporânea tem a ver não só com o desamparo identitário, mas também com algum tipo de excesso pulsional. Vamos aprofundar um pouco essa ideia pensando nos tipos e formas de adoecimento que marcam a nossa cultura. Mas antes vou retomar a ideia principal: a crise das grandes instituições, tanto em nível macro como micro, com a consequente depleção simbólica, é potencialmente traumática porque afeta a constituição do eu em suas duas vertentes: o eu e o *self*.

Você ainda não tinha feito essa diferenciação entre as vertentes do eu – eu e self.

Essa distinção é bem importante. Freud propôs ao longo de sua obra duas teorias sobre a constituição do eu. Na verdade, são recortes diferentes, cada um com sua implicação. Com base nisso, os pós-freudianos propuseram a diferença entre eu e *self*, mesmo que Freud nunca tenha usado esse termo.

Ainda não entendi.

A primeira teoria: o eu se origina de uma diferenciação do isso em contato com a realidade; é uma instância que representa o indivíduo e desenvolve funções para zelar por sua sobrevivência física e psíquica. O modelo é o pão, cuja crosta resistente é feita da mesma massa macia do miolo, porém modificada pela ação do calor do forno (Freud, 1923/2011b). Aqui estamos mais próximos do nível econômico da metapsicologia, já que uma das funções do eu é fazer a gestão das excitações psíquicas.

A segunda: o *self* é um precipitado de identificações (Freud, 1923/2011b). Essa teoria tem início em *Introdução ao narcisismo* (1914/2010b), quando Freud fala do eu como primeiro objeto de amor unificado. Continua em *Luto e melancolia* (1917/2010d), quando ele formula o conceito de identificação, conceito que passa a ser entendido como estruturante e constituinte do eu em *O eu e o id* (1923/2011b). O *self* é o responsável pelo sentimento de ser "eu mesmo" ao longo do tempo. É responsável pelo sentimento de "identidade", mesmo que essa palavra traga a falsa ideia de unidade: ninguém é o mesmo o tempo todo. Nossa "identidade" é plural.

E por que essa distinção é relevante para a nossa conversa aqui?

Porque o sofrimento psíquico característico da pós-modernidade envolve tanto o eu como o *self*, e precisamos entender como cada uma dessas vertentes do eu "participa" desse sofrimento.

Acompanhe meu raciocínio: como eu disse, uma das funções do eu é a gestão da angústia por meio de uma contínua atividade simbolizante. Se não há símbolos fortemente instituídos, ou se são escassos (depleção), a gestão da angústia por parte do eu se torna bastante problemática. O excesso de angústia, por sua vez, desorganiza o psiquismo – suas funções e suas fronteiras –, sendo vivido como angústia de morte.

O *self*, por sua vez, é o conjunto de autorrepresentações por meio das quais o eu se relaciona consigo mesmo. A depleção simbólica produz também uma falta de referências identitárias. Como consequência, a identidade fica meio manca e mal integrada. Isso pode ser vivido como ameaça de despersonalização, ou mesmo como ruptura da continuidade do ser.

Resumo da ópera: o sofrimento psíquico nos distúrbios narcísico-identitários envolve uma dificuldade na gestão da angústia por parte do eu. E se manifesta como experiência angustiante de identidade capenga. O eu lança mão de defesas específicas para lidar com cada um desses sofrimentos.

Uau! Complexo, tudo isso! Mas a sua explicação foi bastante clara. Não me espanta que, diante desse sofrimento, o eu recorra a defesas para se manter minimamente integrado. Poderíamos dizer que são tentativas de sobrevivência?

As pessoas têm de se virar para construir suas vidas com aquilo que cada civilização oferece como possibilidade. As pessoas vão ter de encontrar uma maneira de fazer a gestão da angústia e de não deixar a identidade tão manca, tão capenga. Nesse sentido, são estratégias de sobrevivência. Mas veja: é assim sempre, as pessoas só podem se construir com aquilo que encontram.

Então nossa questão é como elas se constroem hoje, em meio à miséria simbólica. Que defesas são usadas hoje, e como elas produzem as atuais formas de ser e de sofrer.

Muito bem! O problema é que, como comentei há pouco, as defesas cobram um preço alto, tanto para o sujeito como para a sociedade. Queria falar de três defesas específicas, e acho que ficará mais claro como também as defesas, apesar de utilizadas pelo eu para tentar lidar com o sofrimento, se tornam elas mesmas fontes de muito sofrimento.

1) Quando a capacidade de gestão da angústia pelo eu é insuficiente há um transbordamento pulsional. Segundo Green (1988b), estudioso dos estados-limite, os afetos ligados a experiências emo-

cionais que o psiquismo não consegue conter/elaborar em seu espaço próprio são evacuados para fora de seus limites.

Ele vê dois tipos de transbordamento: "para fora", no campo social, ou "para dentro", no soma: os dois espaços não psíquicos que fazem fronteira com o campo psíquico. Para Green, a função da "atuação-fora é precipitar o organismo para a ação a fim de evitar a realidade psíquica" (1988b, p. 81). Esse transbordamento para fora se dá na forma de atuações, dentre as quais destaco a violência social, a violência nas relações entre cônjuges e entre pais e filhos.

De fato, as consequências desse tipo de defesa psíquica podem ser bastante graves. Nunca tinha me ocorrido que os afetos ligados às experiências emocionais excessivas ao eu pudessem transbordar em forma de violência.

Sim, as consequências podem ser bem pesadas. Num artigo meu publicado em 2007, sugeri que alguns crimes familiares contemporâneos são diferentes daqueles descritos nas tragédias gregas (Minerbo, 2007). Nas tragédias, um membro da família matava outro em função de conflitos insolúveis ligados aos lugares simbólicos claramente determinados pelas instituições (pólis, família). A filha podia matar a mãe enquanto mãe. O pai sacrificava a filha enquanto filha. Hoje, tais crimes parecem ter motivações utilitárias, e, sobretudo, não parecem fazer qualquer referência ao sistema simbólico "família": elimina-se um corpo que é um estorvo para outro corpo, sendo que a relação entre eles é de mera procriação biológica, e não de parentesco.

Matar a mãe enquanto mãe, ou matar a mãe por motivos utilitários. Será que esta última situação é pior? Prefiro não ter de escolher...

De qualquer modo, o que você disse faz todo sentido. Essas seriam as atuações para fora, certo? O transbordamento para o campo social. E quanto ao excesso pulsional que transborda para dentro?

Nesse caso, o que está em jogo são as somatizações. Nelas, é o corpo biológico, e não o corpo erógeno (com valor simbólico), que recebe o excesso pulsional que o eu não tem como processar psiquicamente. Escute só o que diz Green: "Enquanto os sintomas de conversão [na histeria] são construídos de uma forma simbólica e estão relacionados ao corpo libidinal, os sintomas psicossomáticos não são de natureza simbólica. São manifestações somáticas carregadas de uma agressividade refinada, pura" (1988b, p. 83).

Então, também há uma espécie de violência/agressividade, mas ela se dirige ao próprio corpo do sujeito. Imagino que o analista, diante de um sintoma físico do analisando, tem de estar atento a essa distinção que você mencionou: entre sintomas que se expressam em um "corpo erógeno/libidinal", e aqueles que não são de natureza simbólica e se expressam no corpo biológico. Com a sua experiência clínica, você já deve ter enfrentado esse tipo de questão... Como distinguir uma coisa da outra? Como saber, diante de um sintoma que se expressa no corpo, se se trata do corpo erógeno ou do biológico? Será que existem situações ou sintomas que ficam no limite entre os corpos erógeno e biológico?

Excelente pergunta! Há vários elementos que podem ser usados para fazer essa diferenciação que, como você disse, pode não ser tão marcada assim.

Uma paciente conta que levou um tombo, quebrou uma vértebra e passou a ter dores terríveis na coluna. Já fazia um ano que se submetia a todos os tratamentos disponíveis, mas as dores não melhoravam de jeito nenhum. Como ela engordou muito, as dores até pioraram. Diz que foi uma "queda boba" nos degraus do escritório. Aconteceu pouco depois de ter sido despedida do emprego, onde tinha relações afetivas significativas. Ficou deprimida. Há problemas somáticos – sobrepeso e dores lombares que persistem apesar de todos os tratamentos – e psíquicos. Só que lá pelas tantas surge outro tipo de material clínico. Ela lembra que, quando criança, carregava um peso grande nas costas: a mãe vivia doente e era ela quem cuidava da casa e dos irmãos. Nesse sentido, as dores nas costas têm também um valor simbólico porque funcionaram como uma "associação" que remeteu ao infantil.

Então, as dores dessa paciente têm uma dimensão de somatização ligada ao traumático, mas também acabam possibilitando que dores mais antigas, emudecidas, apareçam e sejam ditas. Dá para perceber que são coisas diferentes, mas que nesse caso aparecem juntas.

Então, voltando às defesas, vimos que a miséria simbólica dificulta a ligação das pulsões, que permanecem em estado selvagem e podem transbordar para "fora" ou para "dentro".

2) A segunda estratégia defensiva tem a ver com a fragilidade do símbolo: quando o laço simbólico necessário para ligar a pulsão é corrediço demais, o sentido – que poderia nutrir um projeto de vida ou o ideal do eu – não se fixa, e não pode ser sustentado pelo aparelho psíquico como desejo. Nesses casos, o que vemos é um desinvestimento pulsional generalizado, produzindo quadros em que o paciente relata vivências de vazio, tédio e apatia.

Isso lembra muito o tipo de sofrimento descrito pelas pessoas que têm depressão.

De fato, essas duas experiências podem facilmente ser confundidas. A diferença é que na depressão o sujeito des-espera – ele perde as esperanças – de realizar o desejo. E nas patologias do vazio não há desejo algum: nenhum objeto se destaca na paisagem, e o sujeito não consegue investir em nada.

Em vez de tristeza, aqui encontramos uma "angústia branca".

Não conheço esse termo.

É como Green (1988b) se refere às formas de sofrimento ligadas ao vazio psíquico e à desobjetalização. São quadros em que se encontra o "desinvestimento maciço, tanto radical como temporário, que deixa traços no inconsciente na forma de buracos psíquicos" (Green, 1988b, p. 152).

Puxa... são configurações psíquicas diferentes mesmo. No caso da depressão, se entendi bem, há desejo e objeto, ao passo que nesse tipo de defesa do eu que ele chama de desobjetalização, o desejo nem chega a se constituir. E, claro, sem desejo também não há objetos significativos. É uma segunda forma de sofrer que tem a ver com fragilidade do símbolo.

Exatamente isso. Você entendeu bem!

Então agora podemos falar do terceiro recurso defensivo que o sujeito contemporâneo encontra para lidar com o sofrimento ligado à depleção simbólica: o comportamental. São as adições e as compulsões, tão comuns no mundo contemporâneo.

Desta vez sou eu que estou precisando de um cafezinho. Nossas conversas são gostosas, mas densas.

Verdade. Tento ser o mais clara possível, mas não faço concessões no que diz respeito à complexidade das ideias. Apoio a sugestão do cafezinho.

* * *

Você estava dizendo que o sofrimento ligado à depleção simbólica é enfrentado também por meio de sintomas comportamentais: adições e compulsões. Não são coisas parecidas? A pessoa fica repetindo o mesmo comportamento o tempo todo?

Desse ponto de vista, as adições e compulsões são parecidas. Mas do ponto de vista metapsicológico podemos diferenciar claramente uma da outra. A pessoa fica *dependente* de estímulos autocalmantes (nas adições), e/ou ela desenvolve uma *compulsão* cuja finalidade é produzir próteses identitárias (compulsões). Já vou explicar melhor. O importante, por enquanto, é que as defesas comportamentais usam os elementos da cultura, e por isso não costumam ser vistas como sintomas, mas como simples "exageros".

Essa diferenciação entre adição e compulsão é nova para mim.

Vou tentar lhe explicar. Falamos em adições quando o sujeito precisa recorrer continuamente a substâncias psicoativas, ou então a comportamentos que produzem estímulos sensoriais. As substâncias e os estímulos sensoriais são necessários, ou para diminuir a angústia, ou para excitar o eu tomado pelo tédio e apatia.

Quando você fala de substâncias psicoativas, está se referindo às drogas?

Também. Na verdade, as substâncias psicoativas podem ser *artificiais*, produzidas pelo narcotráfico e/ou pela indústria farmacêutica. Ou *naturais*, como a adrenalina e a endorfina, produzidas por exercícios físicos em excesso ou esportes radicais, por exemplo.

Nossa, faz sentido! Talvez por isso as pessoas comentam que são "viciadas" em corrida, ou em algum outro tipo de esporte. É como se fosse um vício mesmo! Eu tenho um amigo próximo que corre, faz maratonas todo ano, e ele fica mal quando perde um treino. Ele relata inclusive sensações físicas de desconforto quando deixa de correr. Provável que haja, de fato, uma dependência do corpo em relação às substâncias naturais liberadas nessas atividades.

Eu diria que seu amigo está viciado em endorfina e adrenalina, e não em corrida. É que, para ter sua "dose" diária, ele precisa correr todos os dias...

Você mencionou também a dependência em relação a comportamentos que produzem estímulos sensoriais.

Sim, foi bom você ter lembrado. Os exemplos são muitos. Masturbação. Pessoas que se cortam. Que comem muito e vomitam. Que passam fome. Que são hiperativas. Todos esses comportamentos produzem estímulos sensoriais que servem para dar um descanso em relação a angústias primitivas. Muitas vezes a pessoa está tão acostumada com isso que nem percebe.

Puxa! Verdade! Conheço uma menina que se corta. Ela disse que a dor física a deixa mais calma. Prefere fazer isso a telefonar para uma amiga para conversar. Com os pais, então, nem pensar. E um amigo disse que se masturba umas vinte vezes por dia. Achei meio exagerado.

Ele precisa da sensação física do orgasmo. Não sei se é para se acalmar, ou ao contrário, para dar um *up*, para driblar o tédio e o vazio.

Todos esses são procedimentos autocalmantes. Revelam que o sujeito precisou se virar sozinho. O objeto era tão inadequado que recorrer a ele era pior, era fonte de mais angústia.

Com essas pessoas que se cortam, e mesmo com o que se masturba, dá para perceber que estamos longe do corpo erógeno, corpo-representação com o qual Freud lidava quando tratava a histeria. Aqui é a sensação física em si mesma que é buscada. É uma forma desesperada de produzir uma experiência, ainda que fugaz, de integração somatopsíquica.

Interessante, isso. Então o sujeito usa o corpo para produzir estímulos que servem para ele se sentir minimamente integrado e existindo.

Isso mesmo. Eles funcionam como "eixos organizadores" de um eu que se encontra em estado de fragmentação, vazio e/ou angústia. Muitos desses pacientes nos procuram querendo se livrar desses sintomas. Embora seja compreensível, a experiência mostra que isso é totalmente inútil. Por isso o psicanalista usa outra estratégia: vai tentar mostrar ao paciente por que aquele comportamento é vital para ele. Quais são as angústias que ele "soluciona".

É isto que me fascina na psicanálise: a lógica do inconsciente vai na contramão do senso comum.

Agora eu gostaria de falar um pouco sobre as compulsões. Você não se esqueceu de que nosso assunto são as estratégias defensivas usadas para lidar com o sofrimento psíquico determinado pela miséria simbólica da pós-modernidade. A primeira era o transbordamento pulsional, a segunda, a desobjetalização, e a terceira, as soluções comportamentais. Nesse departamento começamos falando das adições, que podem ser em relação a substâncias e/ou a comportamentos. E agora vamos falar das compulsões. Vamos ver de que maneira elas também são uma "solução", e qual é o problema que elas solucionam.

Não esqueci. Você havia feito essa distinção entre comportamentos aditivos e compulsivos. Que, para mim, poderiam ser sinônimos.

Você já entendeu que as adições servem para atenuar as angústias, ou resgatar alguém do tédio e do vazio. As compulsões têm outra função na economia psíquica: são comportamentos culturalmente determinados que servem para amparar uma autoestima capenga e para sustentar a identidade "de fora para dentro". A compulsão a malhar, a fazer tatuagens, a comprar. Todas elas são afirmações sobre o eu. São *statements*. Algo na linha de "malho, logo sou".

E o que isso tem a ver com aquele outro tipo de compulsão, como lavar as mãos e verificar se o gás está fechado?

Ah, você está falando das compulsões neuróticas, que têm um valor simbólico! Lavar as mãos compulsivamente poderia remeter, por meio de associações, ao medo da contaminação pelo sexual. A pessoa que verifica mil vezes se o gás está fechado poderia associar com o medo/desejo de matar alguém.

Veja se a diferença entre adições e compulsões não fica ainda mais clara: as primeiras estão ligadas à busca de *sensações*. Já as compulsões pós-modernas estão ligadas à busca de um *sentido*, ou melhor, ao fracasso dessa busca.

Realmente. Alívio de angústia é diferente de afirmar algo sobre o eu. Sensações são diferentes de sentido.

O fracasso na busca de sentido está ligado à crise das grandes instituições no mundo contemporâneo. É isso que torna tão difícil criar e sustentar internamente um ideal do eu – um projeto de vida que lhe dê sentido. Neste vácuo, vão surgir *projetos de vida sem espessura simbólica*: conseguir um corpo sarado, consumir, pensar na próxima tatuagem, preparar-se para a próxima maratona.

Não sei se acompanhei. Essas compulsões expressam o fracasso na busca por sentidos? Você poderia dar um exemplo?

Nos anos 1980, atendi uma paciente – ela certamente era uma *borderline* grave – que apresentava uma compulsão por comprar roupas de grife. Na época isso ainda não era comum. Eu me perguntava como um comportamento culturalmente determinado podia ultrapassar o limiar daquilo que seria socialmente esperado e se tornar compulsivo.

Num estudo que fiz a respeito (Minerbo, 2000), entendi que, quando *uma única instituição* está encarregada de garantir a autoestima, surgem comportamentos compulsivos relacionados às práticas e discursos daquela instituição. As grifes não tinham qualquer valor simbólico interpretável: funcionavam como verdadeiras próteses que sustentavam o eu, e que por isso não podiam ser dispensadas.

Agora está fazendo mais sentido pra mim. Veja se entendi: assim como as sensações físicas ou as substâncias psicoativas (artificiais ou naturais) garantem, ainda que por pouco tempo, alguma organização somatopsíquica, esses comportamentos culturalmente determinados podem ser usados para afirmar a identidade, sustentar a autoestima e dar sentido à existência.

E podem funcionar como "projeto de vida" num contexto de miséria simbólica.

Só que, como nada disso tem sustentação interna, o efeito é passageiro e o comportamento precisa ser repetido compulsivamente.

É isso mesmo. Lembra que, no começo da nossa conversa, falamos que a depleção simbólica afeta a constituição do eu e se manifesta como desamparo identitário? Então... Está percebendo as consequências disso? Para "amparar" a identidade, o sujeito contemporâneo toma emprestado das instituições disponíveis elementos – signos – que são usados como "tijolos" na construção da identidade.

O problema é que os signos são coisas concretas, exteriores ao espaço psíquico. Não têm a força das identificações, que resultam de experiências emocionais com objetos significativos. Quando integradas, essas experiências dão uma sustentação "interna" ao eu. Já a construção da identidade "de fora para dentro", na base do consumo de signos, funciona como prótese da identidade. Por isso não pode ser dispensada. Percebe a ausência de espessura simbólica?

Percebo bem. O que você está dizendo é que o consumo de signos não tem como se transformar em "tijolos" firmes e duradouros de uma estrutura identitária minimamente estável. Eles estão mais para a cabana de palha da fábula Os três porquinhos, *pela sua efemeridade e instabilidade, do que para uma casa de tijolos, cimento etc.*

Sim. E como a casa-cabana precisa ser constantemente refeita, o sujeito vai "consumir" esses signos compulsivamente.

Como você vê a compulsão a malhar? É um vício ou uma compulsão?

Excelente pergunta. Ela oferece "soluções" para o sofrimento narcísico-identitário em vários planos: 1) o exercício em si libera endorfinas que funcionam como antidepressivos; 2) a instituição "academia de ginástica", tipicamente pós-moderna, produz um signo muito valorizado: o "corpo sarado"; 3) além disso, ela oferece um projeto de vida "pré-fabricado" para quem precisa: trabalhar o corpo todos os dias com esforço, persistência e dedicação.

Para alguns, o valor antidepressivo pode ser mais importante; para outros, será a dimensão de afirmação de uma identidade valorizada; e para outros ainda, o projeto de vida. Malhar é uma atividade que proporciona três "soluções" diferentes no mesmo pacote. Ou seja, adição e compulsão se sobrepõem.

Puxa, esta conversa foi me deixando meio pra baixo. Acho tudo isso um pouco triste.

Entendo sua angústia. É que você ainda cultiva valores ligados à modernidade. Como *pessoa física*, eu também sou mais moderna do que pós-moderna. Mas como *pessoa jurídica*, isto é, quando tento entender tudo isso do ponto de vista psicanalítico, eu me abstenho dos meus juízos de valor pessoais. Tanto no divã quanto fora dele.

Você tem razão. Fui ficando deprimida porque essas formas pós-modernas de ser e de sofrer se chocam com alguns de meus valores pessoais, que são modernos. Mas em muitas outras coisas eu sou bem pós-moderna!

Então, só para deixar bem claro. Os comportamentos culturalmente determinados são normais e esperados. O estranho seria alguém que não tivesse nenhuma preocupação com a saúde ou estética do corpo, ou fosse zero consumista. Eles só se tornam compulsivos quando *uma única instituição* está encarregada de "salvar" o eu do desmoronamento narcísico. A pós-modernidade fragiliza o eu, que corre o risco de afundar. Mas ao mesmo tempo oferece as boias de salvação, que são, justamente, esses sintomas culturalmente determinados.

Agora fica mais claro. Quando você disse que esses comportamentos podem ser usados como projetos de vida pré-fabricados, achei bizarro e triste. Mas agora entendi que, num contexto de miséria simbólica, que torna a própria noção de "dentro" problemática, os projetos só podem assumir esse jeitão bem concreto, e só podem ser construídos de "fora para dentro".

Para você, que transitou da modernidade à pós-modernidade, não funciona assim. Para outros, que já nasceram nesse contexto, é assim que a vida é. Mas não vamos esquecer uma coisa que eu disse no comecinho da nossa conversa: cada momento histórico tem suas formas de ser e sofrer predominantes. É assim e pronto. Por isso, como pessoa jurídica, eu não posso afirmar que algumas sejam piores do que outras.

É difícil não fazer juízos de valor. Mas, sim, você disse que a forma típica de sofrimento na modernidade era a neurose. Tinha a ver com instituições excessivamente rígidas – aquela história de um modelo único, universal, no qual todos tinham de se encaixar. Aposto que as histéricas, os obsessivos e os fóbicos também sofriam muito. Só que de outro jeito.

Antes de terminar, queria fazer uma autocrítica. Acabei usando pouco aquela diferença que eu tinha feito, lá atrás, entre eu e *self*, duas vertentes do eu. Foi de caso pensado, para esta conversa não ficar muito pesada. Mas só para retomar e não deixar aquele fio solto, queria só dizer que as adições são formas de gestão da angústia pelo eu, enquanto as compulsões são formas de gestão da identidade, o que tem a ver com o *self*. Também não esclareci que o termo sofrimento narcísico-identitário se refere ao duplo sofrimento do eu: aquele ligado à gestão da angústia e à gestão da identidade.

Boa autocrítica. Gosto disso. E, de fato, agora que você levantou a lebre, essas pontas tinham ficado soltas mesmo.

Quando você falou da paciente que tinha compulsão a comprar grifes, fiquei pensando na força que o consumo tem na nossa sociedade ocidental. De roupas a arte, tudo, simplesmente tudo, vira objeto de consumo. E também parece que, para consumir e comprar, não há limites! As pessoas gastam o que têm e o que não têm e contraem dívidas altíssimas nos cartões de crédito, por exemplo. Parece que a dívida já é quase parte da cultura também.

Ótimo você ter mencionado isso, porque, de fato, enquanto boa parte das grandes instituições está em crise, a instituição "sociedade de consumo" parece ser a macroinstituição mais sólida do nosso mundo contemporâneo. Sua lógica atravessa e "tinge" boa parte das dimensões da nossa existência. E quanto mais se consome, mais a sociedade de consumo ganha força, e mais ela tem condições de "salvar" o eu do sofrimento ligado à miséria simbólica. Nesse contexto, não é difícil entender por que as pessoas se endividam, não é mesmo?

Quem simplesmente critica e julga não percebe que a pessoa não dispõe de outros recursos psíquicos para aliviar seu sofrimento.

É isso aí. É a grande diferença entre o olhar de um psicanalista e o de um leigo.

Eu não queria me despedir sem dizer duas palavras sobre as *implicações clínicas* da diferença entre formas de sofrer neuróticas e não neuróticas.

No primeiro caso, o analista trabalha no sentido de relativizar os sentidos já dados pelas instituições rígidas, que foram internalizados e que agora parecem naturais e inquestionáveis.

No segundo caso – que se articula e se dialetiza com o primeiro –, o analista vai tentar tecer, junto com o paciente, algum sentido onde ele não foi suficientemente construído. Ou onde ele é frágil porque foi construído de fora para dentro.

Obrigada, Marion. Aprendi muito. Isso me levou a outras questões sobre as relações entre psicanálise e cultura. Basta a gente olhar em volta para enxergar fenômenos sociais bastante bizarros. Por exemplo, o lugar e a função da comida nos dias de hoje. De onde vem isso?

É um bom exemplo do que eu chamaria de loucura cotidiana. São sintomas do mal-estar na nossa civilização. Proponho que você continue observando a vida como ela é, e aí a gente vai conversando sobre aquilo que chamar sua atenção.

7. Loucuras cotidianas

Encerro o livro com uma seleção das dez melhores crônicas publicadas no meu blog, *Loucuras cotidianas*,[1] entre julho de 2017 e junho de 2018. AnaLisa, a jovem colega com quem dialoguei sobre os vários temas deste livro, nasceu com o blog.

É verdade que eu já dialogava com um jovem colega genérico no livro anterior (*Diálogos sobre a clínica psicanalítica*, publicado pela Blucher em 2016). O personagem tinha alguma noção de psicanálise. Talvez fosse um estudante de psicologia, talvez alguém formado há pouco tempo, e já em algum ponto de seu percurso na psicanálise.

Com o blog tentei ampliar o diálogo para incluir jovens não psi, mas psi-mpatizantes. Minhas queridas colaboradoras, Isabel Botter e Luciana Botter, sugeriram manter os posts como foram publicados. Argumentaram que, à época das nossas primeiras conversas, AnaLisa ainda era leiga, e por isso linguagem e títulos

---

[1] Disponível em: https://loucurascotidianas.wordpress.com.

tinham que ser mesmo leves, informais e divertidos. Bastava explicar isso numa nota introdutória ao capítulo. Aceitei a sugestão.

O importante é que AnaLisa é uma jovem curiosa, inteligente, observadora do cotidiano e das relações humanas. Fica perplexa com pequenas bizarrices que tendemos a não enxergar, de tanto que estamos imersos na cultura que nos constitui. Nisso – nesta capacidade de estranhar coisas banais do cotidiano – mostrou talento para ser psicanalista. (Prova é o Prefácio deste livro.)

Por exemplo, AnaLisa percebeu que muita gente em torno dela adora ir no mercado, pôr a mão na massa e cozinhar. Ela "sacou" a *gourmetização* da vida e a importância que a comida, nos últimos anos, assumiu na nossa cultura – na versão *gourmet*, orgânicos, sem carne, sem glúten, sem lactose, e várias outras formas de ortorexia. Ela quer entender de onde vem isso. Qual o sentido dessas pequenas loucuras cotidianas? E das grandes, como a polarização na política e o neoconservadorismo?

As crônicas psicanalíticas usam o mesmo método usado por Freud em 1930 para analisar o mal-estar na civilização. Seu argumento é simples: o que uma cultura excluiu do centro para se tornar hegemônica retorna da periferia como sintoma; e sua interpretação revela as várias figuras do nosso mal-estar na civilização. Nesse tipo de análise não há certo ou errado, bom ou mau: apenas tentamos entender como construímos nossas vidas em plena inconsciência das tramas que nos determinam.

AnaLisa também se interessa por relações humanas. Principalmente por aquilo que torna a vida tão complicada. Por exemplo: por que uma pessoa, "do nada", não vai com a cara de outra? O que faz com que alguém se torne fanático? Afinal, o que significa "colocar limites"? O que está em jogo, do ponto de vista psíquico, quando uma criança inventa uma brincadeira?

Entre estas crônicas, algumas não são propriamente crônicas psicanalíticas, mas escritas por uma psicanalista, cujo olhar é necessariamente instrumentado pelos conceitos de inconsciente e de transferência. Muda tudo em relação ao olhar de um leigo, porque as explicações dos fenômenos, para o psicanalista, são sempre atravessadas pelas pedras fundamentais da psicanálise – o inconsciente e a transferência. AnaLisa parece ter ficado fascinada ao perceber essa diferença.

Já nas crônicas propriamente psicanalíticas, partimos de fenômenos da cultura e os interpretamos como "sintomas sociais" – ou "loucuras cotidianas". Nas crônicas do primeiro tipo, fenômenos são explicados; nestas últimas, eles são interpretados.

Na sequência deste capítulo, o leitor encontrará primeiro as crônicas propriamente psicanalíticas: "Você também gosta de cozinhar?", "Polarização política, um caso de daltonismo emocional", "Neoconservadorismo, um sintoma da miséria simbólica", "Parei de comer carne vermelha", "A morte do bom senso" e "Que tiro foi esse?".

Depois, fechando o livro, vêm as crônicas escritas por uma psicanalista: "Você está podendo?", "Como se fabrica um fanático?", "Você sabe colocar limites?" e "Brincar para se tratar".

Agradeço a AnaLisa pelo estímulo para escrevê-las.

Você também gosta de cozinhar?

13 de agosto de 2017

Olá, AnaLisa, sobre o que gostaria de conversar hoje?

Olá, Marion, veja só que loucura! Ontem fui jantar na casa de amigos, e aquilo não era um simples jantar: era uma verdadeira produção! Todos ali cozinhavam muito bem, e só se falou de comida! Restaurantes, programas de TV tipo MasterChef, os pratos que tinham preparado e que iam preparar, onde encontrar os melhores ingredientes. Conversaram sobre a tribo dos que só comem produtos orgânicos, dos vegetarianos, dos que não comem glúten e lactose, e por aí vai. Eu, que mal sei fritar um ovo, me senti um ET. Sorte que adoro comer bem! Claro que isso está mais circunscrito a certos grupos socioculturais, mas é tão importante que o Estadão *tem o caderno Paladar e a* Folha *tem o Comida. O que a psicanálise tem a dizer sobre isso?*

Legal você ter comentado sobre o jantar de ontem, pois o tema interessa muita gente. Aliás, da última vez conversamos sobre transtornos alimentares ("Só pele e osso"),[2] lembra que eu apontei o fato de eles se produzirem no cruzamento do espaço psíquico individual, familiar e cultural? Então, sua pergunta de hoje nos leva à cultura, isto é, à ordem simbólica inconsciente que determina nossos comportamentos. Quando "viralizam", como a atual febre gastronômica, são entendidos como sintomas de nossa época.

Sintomas? Mas gostar de cozinhar é alguma doença?

---

[2] Disponível em: https://loucurascotidianas.wordpress.com/2017/07/30/so-pele-e-osso/.

Ao contrário, para a psicanálise todo sintoma é uma tentativa de cura. Tudo o que você observou ontem é sintomático, isto é, revela alguma coisa sobre o mundo em que vivemos. Os sintomas não estão certos nem errados; simplesmente são respostas a determinadas necessidades psíquicas e preenchem alguma função do ponto de vista emocional. Podemos dizer que têm uma dimensão defensiva em relação a algum tipo de sofrimento produzido por aquela cultura. "Viralizam" justamente porque são quase universalmente necessários naquela época e lugar.

Entendo. Você toma O mal-estar na civilização, *de Freud (1930/2010f), como modelo para pensar essas pequenas loucuras cotidianas.*

Exatamente. Há muito tempo escrevi em coautoria com Fabio Herrmann um texto chamado "Creme e castigo" (Herrmann & Minerbo, 1994). Era sobre como, de uns tempos para cá, a noção de pecado tinha migrado da sexualidade para a comida. As pessoas não se envergonham mais por transar assim ou assado, mas por comer de um jeito considerado errado. Passaram a se sentir culpadas por comer frituras e outras coisas que engordam, e a se penitenciar fazendo regimes e ginástica. Quando querem "pôr o pé na jaca", como dizem por aí, fazem uma *orgia gastronômica!*

É mesmo! Além de ser um padrão estético, a magreza é valorizada como se fosse uma virtude moral. É bizarro! E o que mais você pensou sobre isso?

Muitos outros fatores estão na origem disso que não é propriamente uma moda, mas uma verdadeira necessidade de cozinhar. Pensei em dois deles.

Primeiro, acho que a paixão por cozinhar tem a ver com a necessidade de recuperar atividades que fazemos *de verdade*, com as mãos, na realidade concreta do cotidiano. A Lu Botter, minha editora, me indicou uma TED cujo tema é "por que as telas nos tornam infelizes?".[3] É sobre o que perdemos quando a quase totalidade do nosso tempo livre é passada diante de uma tela, seja ela do celular, do computador, da TV...

Pois bem: complementando o que ouvi na TED, mas eliminando o viés moralista do psicólogo que dava a palestra, acho que num mundo em que tantas coisas acontecem na realidade virtual, sentimos fome de uma realidade que possamos tocar, cheirar, transformar, degustar. O prazer já começa no mercado ou na feira, quando namoramos ingredientes que são uma festa para os olhos. Escolhemos o que nos apetece, e salivamos só de imaginar o que faremos com aquilo. Depois é preciso lavar, cortar, picar, temperar, preparar os molhos, deixar reduzir... Horas de contato direto com a matéria de que é feita a vida. Um luxo!

Verdade! Horas curtindo a realidade material sem a mediação de uma tela! É como pisar na areia da praia em vez de curtir a imagem de alguém fazendo isso. Sem falar na sociabilidade que se cria em volta do fogão e da mesa, tão diferente da sociabilidade das redes sociais!

Tem razão, não tinha pensado nisso... Qualquer dia conversaremos sobre elas. Certamente revelam algo sobre nossa cultura.

Além da necessidade de contato direto com a realidade material, sintoma do excesso de realidade virtual, acho que a febre gastronômica é determinada também por outro fator: a necessidade

---

[3] Disponível em: https://www.ted.com/talks/adam_alter_why_our_screens_make_us_less_happy.

de transcendência produzida por nossa cultura. Em uma sociedade excessivamente materialista como a nossa, temos fome de elevar nosso espírito, seja por meio da arte, seja por meio de alguma modalidade do sagrado. A gastronomia se presta a ser vivida nesses dois registros.

Elevar o espírito comendo?

Por que não? Fui num restaurante em que cada prato era uma verdadeira obra de arte. Entradinhas, pratos e sobremesas pareciam esculturas. Não eram apenas lindas e deliciosas. Cada uma tinha direito ao seu próprio suporte; estavam emolduradas por recipientes de formatos diferentes, feitos de materiais diferentes – cerâmica, madeira, ardósia – que valorizavam suas características. O/a *chef* "assinava" o prato usando o próprio molho como tinta. Não por acaso você disse que o seu jantar de ontem não era um jantar, mas uma produção. Você mesma percebeu que é uma experiência estética; estamos no campo da fruição da arte.

Até aqui eu a acompanho. Mas o que a gastronomia tem a ver com o sagrado?

Você já ouviu alguém dizer "isso aqui está divino, tem de comer de joelhos"? Divino, de joelhos, degustar com reverência: essas expressões indicam que aquela experiência sensorial pode nos transportar para além da matéria. E, de fato, certos sabores e texturas e cores e formas são um verdadeiro milagre! Os *chefs* são os nossos sacerdotes!

Incrível! O jantar é uma produção, a comida está divina... Nunca tinha percebido como as palavras e expressões que usamos para descrever nossas experiências indicam como estão sendo vividas, e o que elas significam para nós.

Exatamente como numa análise de consultório!

Muito louco tudo isso!

Polarização política, um caso de daltonismo emocional

22 de outubro de 2017

Olá, AnaLisa, sobre o que gostaria de conversar hoje?

Olá, Marion, veja só que loucura! Não consigo entender o movimento de polarização que a gente percebe em boa parte do mundo. Parece que estão todos num flá-flu, ou num filme de mocinho e bandido, com opiniões radicais e apaixonadas sobre tudo. Um lado xingando o outro. Ou, pior, matando. Mas a vida não é um jogo de futebol! As coisas nunca são preto ou branco! É como se nós tivéssemos perdido a capacidade de ver os muitos tons de cinza, em que preto e branco existem juntos. O que a psicanálise tem a dizer sobre isso?

Bem, agora você tocou num ponto muito sério. Eu não entendo de política, mas a polarização é uma questão também emocional, e disso eu entendo. Sem contar que a polarização acontece em outras esferas sociais, como vimos recentemente na arte e na cultura. Até no divã ela está presente: muitos pacientes veem a vida por meio da lógica ou/ou. Emocionalmente, a lógica do e/e é muito mais complexa e sofisticada. Por isso é comum haver uma espécie de daltonismo para o cinza.

Um daltonismo emocional! [Risos] Não tinha pensado que isso acontece também no divã. Imagino que a vida fique mais superficial, mais empobrecida quando operamos pela lógica da polarização.

É verdade. E isso é efeito de uma defesa psíquica. Explico: quando a pessoa se sente ameaçada em sua sobrevivência física ou psíquica, ela precisa localizar rapidamente de que lado vem o perigo. Isso faz com que ela divida o mundo em amigo ou inimigo; em salvador da pátria ou demônio.

Então, para se defender, ela vai atacar o que julga ser "do mal", e juntar forças com o que ela entende ser "do bem".

Isso mesmo. É a lógica da sobrevivência. Isso tem origem lá atrás: um bebê precisa ser capaz de ver a mãe como "do bem", já que ele depende dela para sobreviver. Só ela entende as angústias do seu bebê; por isso só ela pode lhe oferecer o que ele precisa.

Então é por isso que o bebê chora quando a mãe se afasta.

Sim. Nessa fase, tudo o que não é a mãe ou o pai é vivido como potencialmente "do mal". No começo a criança pequena *tem* de funcionar pela lógica do ou/ou. Mas, à medida que ela vai se desenvolvendo emocionalmente – em condições normais de temperatura e pressão –, ela percebe uma coisa incrível: que a mãe é fonte tanto do bem quanto do mal! Ela proporciona o melhor, mas também o pior! Supondo que as necessidades fisiológicas, como fome e sono, estejam garantidas, o que pode ser pior para uma criança do que uma mãe furiosa, ou uma mãe ausente física e/ou emocionalmente?

Ou seja, com o tempo a criança começa a funcionar na lógica do e/e. Mas quais são essas condições normais de temperatura e pressão que você comentou?

Nos dois primeiros anos de vida, quem exerce a função materna precisa ter sido fonte, predominantemente, de mais experiências boas do que más. Precisa ter entendido e atendido às necessidades emocionais básicas. Aos poucos, com o desenvolvimento da criança, o mundo deixa de ser visto como uma ameaça. Ele se torna, para ela, não só um lugar em que se pode viver, mas também ter algum prazer. Nesse momento, a criança sai da lógica da sobrevivência.

E quando isso não acontece?

Bom, aí a criança continua sentindo e pensando segundo a lógica do ou/ou. O que era para ser uma defesa temporária se cristaliza, e se torna um modo mais ou menos fixo de ver a vida. O *software* que permitiria identificar os tons de cinza não chega a ser instalado.

Eu conheço gente que funciona na base do preto ou branco só em certas situações. Nas demais, identifica o cinza perfeitamente.

Tem razão. Eu mesma estava quase funcionando na base do ou/ou quando disse que a defesa se cristaliza! É importante lembrar que todos nós podemos escorregar para opiniões ou posturas radicais em situações vividas como ameaçadoras. Percebe como a psicanálise nos ajuda a não demonizar as pessoas que precisam demonizar um lado e idealizar o outro?

Sim. Mas eu queria sair da psicopatologia individual para entender melhor por que o mundo está tão polarizado. Com base no que você disse, podemos concluir que todos, de uma maneira ou de outra, estamos nos sentindo ameaçados?

No atual contexto socioeconômico e cultural, sim, pelo menos em algum grau.

E qual seria essa ameaça?

Bom, aqui vou especular um pouco, já que não sou especialista no assunto. Vejo três tipos de ameaça.

No capitalismo selvagem as empresas vivem em pé de guerra. Elas só têm duas opções: eliminar seus concorrentes ou morrer. Só que empresas são formadas por pessoas. Os empregos estão sempre ameaçados e, com eles, a sobrevivência física.

O segundo tipo de ameaça é a globalização. As identidades locais têm medo – e com razão! – de ser engolidas e pasteurizadas por esse processo.

E há o terceiro tipo de ameaça. No mundo pós-moderno, os valores foram questionados de maneira tão radical que as pessoas já não sabem em que se basear para construir suas vidas. Vivemos num estado de miséria simbólica. Nossa vida psíquica, que depende de representações para funcionar, fica ameaçada. Falta propósito para uma existência mais rica, mais plena. É por isso que tanta gente anda deprimida e/ou entediada.

É bizarro. O questionamento é tão radical que tem gente que acha autoritário ver um bebê como menino ou menina. Para essas pessoas mais radicais, o gênero deveria ser neutro até que a pessoa possa escolher.

Pois é! É difícil sustentar uma identidade e construir uma vida quando valores até então sólidos começam a se desmanchar no ar.

Mas atenção: não estou sendo saudosista! Acho que há muitas vantagens na relativização de valores que eram considerados universais. Estou apenas apontando as desvantagens, para a gente entender a ameaça do vazio e da falta de sentido para a existência.

Ah bom! Já ia começar a demonizar você! [Risos]

Deus me livre! [Risos] Minha intenção aqui é apontar para o sofrimento psíquico que a ausência de valores pode causar. E, como resposta a isso, surgem movimentos que buscam a volta de instituições relativamente sólidas – mas não rígidas – nas quais se possa acreditar. Obviamente, isso não serve para nada, pois tais movimentos não reconhecem, nem tratam, do verdadeiro problema. O buraco é mais embaixo.

Então, diante da ameaça do capitalismo selvagem, da globalização e da miséria simbólica, as pessoas voltam a funcionar na lógica ou/ou. O sintoma desse sofrimento psíquico é a polarização.

Muito louco tudo isso!

Neoconservadorismo, um sintoma da miséria simbólica

29 de outubro de 2017

Olá, AnaLisa, sobre o que gostaria de conversar hoje?

Olá, Marion, veja só que loucura! Museus e exposições de arte censuradas pelo público, sob alegação de incitar pedofilia ou simplesmente por exibirem nus artísticos que, de repente, se tornaram "obscenos". A "cura gay" como retorno de uma postura homofóbica, em pleno 2017! Políticos de direita e/ou conservadores em ascensão, em resposta à demanda popular em vários países. Manifestações racistas no futebol. Que onda conservadora é essa? O que a psicanálise tem a dizer sobre isso?

Assunto importante e potencialmente explosivo. Acho que a psicanálise pode ajudar a domesticar as paixões, iluminando um pouco a dinâmica inconsciente subjacente a esse fenômeno.

Na semana passada conversamos sobre a polarização.[4] Mencionei três características da atual realidade socioeconômica e cultural que ameaçam nossa integridade física e psíquica e que, por isso, produzem angústia. Sugeri que a polarização é o sintoma que revela o predomínio da lógica *ou/ou* – a mais simples, a mais primitiva, à qual recorremos para nos defender da angústia.

Sim, eu me lembro. Foi uma boa conversa.

Pois bem, a terceira característica é a miséria simbólica, que tem tudo a ver com a crise das instituições. Na modernidade as instituições eram fortes e determinavam com mão de ferro o que era certo e o que era errado; o que podia e o que não podia. Não só havia valores como eles eram rígidos demais. Quem não se encaixava no modelo dominante sofria muito. Um exemplo disso era a família patriarcal.

Mas esse modelo não existe mais como única opção. Hoje aceitamos famílias homoafetivas e homoparentais.

Isso mesmo. Já não acreditamos num modelo único, supostamente universal. Por isso as pessoas têm muito mais liberdade para inventar novas formas de vida, novos valores, que contemplem sua singularidade.

---

4   Ver crônica "Polarização política, um caso de daltonismo emocional", também neste capítulo.

Então a crise das instituições é boa! Ela permite que as pessoas vivam mais de acordo com suas convicções. Por que então você fala em miséria simbólica como algo negativo?

Porque uma coisa é relativizar a ideia de "verdade universal", com o objetivo de reconhecer verdades subjetivas, legitimando várias visões de mundo. Outra coisa muito diferente é afirmar que, já que não há verdades universais, o conceito de verdade se tornou em si mesmo ultrapassado, desnecessário, nocivo e até mesmo autoritário. Jogamos fora o bebê junto com a água do banho. Essa é a desvantagem da crise das instituições.

Quer dizer, passamos de um saudável relativismo para um relativismo absoluto.

Gostei desse termo, AnaLisa. Se me permite, vou adotá-lo, porque expressa com precisão uma ideia paradoxal. Passamos do relativismo relativo para um relativismo absoluto.

Fique à vontade!

O relativismo absoluto produz o que estou chamando de miséria simbólica: uma impossibilidade de afirmar qualquer valor como válido. O conceito bizarro de pós-verdade é filho disso.

É verdade! [Risos] E se não faz sentido falar em verdade, também não faz sentido falar em mentira. Daí a tratar uma mentira como se fosse verdade e uma verdade como se fosse mentira é um passo. Um passo em falso! [Risos] Mas o que tudo isso tem a ver com a atual onda conservadora?

O problema é que precisamos acreditar em alguma coisa para construir nossas vidas. É uma necessidade emocional. Quem não acredita em nada não tem motivo para sair da cama de manhã.

E são as instituições que "inventam" e sustentam os valores pelos quais pautamos nossas vidas.

E quando as instituições estão em crise, o que acontece do ponto de vista psíquico?

Veja só: eu disse que sofremos quando elas são muito rígidas porque quem não se encaixa é visto, e se vê, como desviante em relação aos valores aceitos naquela época e lugar. Esse relativismo relativo torna as instituições menos rígidas.

Mas essa situação de crise de valores também gera sofrimento porque ficamos órfãos, perdidos, desamparados. De certa forma, as instituições e os valores que elas criam protegem nossa vida psíquica.

Como assim?

É só pensarmos em pessoas que estão meio perdidas e "se curam" quando abraçam uma causa qualquer. Sem instituições minimamente sólidas, afundamos no pântano da pós-verdade, do relativismo absoluto. E aí a gente começa a passar fome – fome de valores! – por causa da miséria simbólica, herdeira da crise das instituições.

Legal lembrar que pode haver miséria simbólica mesmo quando há dinheiro para comer, beber e consumir.

Pois é! Hoje em dia estamos passando fome de valores. Desconstruímos tudo de forma tão radical que chegamos, como mencionei, ao absurdo da pós-verdade! Lembra-se de *O mal-estar na civilização* (Freud, 1930/2010f)?

Claro! Muitas de nossas conversas têm esse texto de Freud como inspiração. Entendo que o conservadorismo é um sintoma, uma defesa contra a miséria simbólica.

Isso mesmo! Nesse sentido, eu prefiro falar em neoconservadorismo, pois cada época e lugar produz um tipo específico de conservadorismo. Que valores são criados quando a gente junta miséria simbólica com polarização? Não são valores com V maiúsculo, como igualdade, liberdade e fraternidade. Esses são valores complexos, cujo grau de abstração é incompatível com a miséria simbólica. Tais valores exigem a capacidade de perceber nuances, tarefa incompatível com a polarização. Por isso, o que vemos, lamentavelmente, é um movimento de tentar matar a fome de valores com v minúsculo.

Seria como matar a fome com junk food *em vez de comer coisas saudáveis?*

[Risos] Boa, AnaLisa, isso mesmo! São valores muito concretos, colados na materialidade, na sensorialidade. Só para dar um exemplo, no atual contexto de miséria simbólica, o nu artístico não tem transcendência nenhuma, não representa nada. É apenas uma pessoa pelada e, portanto, algo moralmente condenável. Junte-se a isso a polarização e teremos um flá-flu entre pessoas que "defendem valores" contra pessoas "que querem corromper (!) a juventude".

Essa conversa dá o que pensar! Muito louco tudo isso!

Parei de comer carne vermelha

1º de dezembro de 2017

Olá, AnaLisa, sobre o que gostaria de conversar hoje?

Olá, Marion, veja só que loucura! Ontem, mais uma amiga me disse que virou vegetariana. Sou praticamente a única carnívora da minha turma! [Risos] Tem aqueles que só pararam de comer carne vermelha; outros que comem leite e ovos, mas nenhuma carne; e também os mais radicais, que não comem nada de origem animal. Nem mel. Perguntei para ela por que tomou essa decisão. Deu vários motivos. "Me sinto melhor quando não como carne." "É desumano fazer isso com os animais." "É uma forma de preservar o planeta."

Fora os vegetarianos, tenho amigos que só comem orgânicos. E outros que estão na noia do clean eating *– controlam tudo o que comem para evitar comidas "do mal": lactose, glúten e nem sei mais o quê. Tem uma que chegou ao extremo da ortorexia, uma variante da anorexia. Lembrei da nossa conversa em agosto sobre como está todo mundo curtindo cozinhar, e sobre o delicioso sintoma da "gourmetização da vida".*[5] *Meus amigos, ao contrário, parecem estar se privando do prazer de comer! O que a psicanálise tem a dizer sobre isso?*

Bem observado, AnaLisa. É isso mesmo, a comida pode ser usada como solução sintomática e ter sentidos diferentes em cada caso. A *gourmetização* da vida pode ser entendida como solução para o sofrimento psíquico ligado à falta de transcendência numa cultura excessivamente materialista. Surgem, então, a comida-arte e a comida-sagrado. Mas as várias formas de auto-restrição ali-

---

5   Ver crônica "Você também gosta de cozinhar?", também neste capítulo.

mentar também revelam algo sobre o sofrimento psíquico produzido pela nossa cultura.

Vamos deixar a dieta orgânica e o clean eating *para outro dia e falar só sobre o veganismo.*

Ok. A primeira ideia que me ocorre é que se privar de carne é uma maneira de dizer "não" aos excessos ligados à sociedade de consumo. Tanto que não faz sentido ser vegetariano nas classes sociais desfavorecidas.

É verdade! Quando minha irmã, que trabalhou num projeto social em Milagres, uma cidadezinha no meio do Maranhão, disse que não comia carne, as pessoas não entenderam. Como alguém, podendo comer, iria abrir mão da "mistura"?

Pois é. Isso me faz lembrar de uma conversa que tivemos sobre jeans rasgado, em setembro.[6]

Por que alguém, podendo ter um jeans inteiro, prefere comprar um rasgado? Acho que esses fenômenos, embora tão diferentes, revelam algo de muito parecido sobre o mundo em que vivemos.

Você sempre diz que, para implantar um modo de vida hegemônico, a cultura precisa amputar certos setores da realidade. Me explicou que o sofrimento existencial em cada época e lugar tem a ver justamente com isso. Andei conversando sobre isso com duas amigas psicólogas, a Luciana e a Isabel Botter, e elas acham que nesse caso o que está sendo amputado é exatamente a falta.

Elas têm toda razão. O que a sociedade de consumo, da abundância, do excesso não tolera é justamente a falta, a escassez, a pri-

---

6 Disponível em: https://loucurascotidianas.wordpress.com/?s=jeans+rasgado.

vação. E isso por uma boa razão: para sobreviver, a cultura do consumo precisa detectar nichos de mercado, criar demandas, para então supri-las. O que ela amputou para se tornar hegemônica é a experiência da falta. O que faz falta é a própria falta!

[Risos]

Pode parecer, mas não é um jogo de palavras! Psiquicamente, *precisamos* não ter todos os nossos desejos satisfeitos. Precisamos de alguma escassez. Se a nossa cultura eliminou a falta, ela precisará ser produzida. Não é à toa que surgem aqui e ali *life styles* mais ou menos *desapegados,* minimalistas. O veganismo é um exercício de desapego em relação ao que a carne sempre representou na sociedade ocidental: a abundância.

Minha irmã vegetariana não compra mais roupa. Tanto ela como suas amigas se desapegaram das marcas, não querem mais comprar, consumir. Fazem bazares de troca. Cada uma leva o que não usa mais e elas trocam entre si. Mas por que a falta faz falta?

Porque o desejo depende da falta! Quando sentimos falta de alguma coisa, sofremos. E, contanto que não falte o básico – o que já seria da ordem do traumático, e não da falta –, é esse sofrimento que nos move. Quando temos tudo, tudo é possível, tudo está ao alcance da mão, mata-se o desejo. Surge, então, outro tipo de sofrimento: não há mais o que desejar! O tédio é muito pior do que a falta!

Por quê?

Porque, no limite, é o próprio desejo de viver que morre. Estar vivo é desejar o que ainda não somos, o que ainda não temos, os projetos que ainda não realizamos. Enfim, é desejar atingir o que a psicanálise chama de "Ideal do Eu".

Ah, eu estudei isso em Freud. Pelo que entendi, é tudo o que perseguimos na ilusão de que, quando "chegarmos lá", não sentiremos falta de mais nada, e então seremos felizes.

Isso mesmo. Só que é uma ilusão necessária. Exceto quando a gente cria ideais francamente impossíveis – mas aí já estamos no terreno da psicopatologia! –, a gente até chega perto de "lá". Mas, se formos saudáveis, *o desejo volta a pulsar*, ganha forma por meio de novos Ideais do Eu, e nos *impulsiona* atrás de novos objetivos.

Entendi. Meus amigos argumentam que se sentem mais leves quando não comem carne, que é desumano matar animais e que estão contribuindo para salvar o planeta. Tudo isso é verdade, mas estamos no plano das motivações conscientes. O que a psicanálise acrescenta é a interpretação do que estaria determinando esse comportamento coletivo em nível inconsciente.

E com isso volto para o jeans rasgado. Quando conversamos sobre isso, ficou "faltando" [risos] uma ideia que só me veio agora. Essa peça de roupa um tanto bizarra fala de um paradoxo com que nos deparamos na sociedade de consumo. O jeans rasgado "diz" que a pessoa não tem dinheiro para comprar outro. Só que aqui a "falta" não é vivida "na carne" [risos], como quando alguém se priva *realmente*, e com algum *sofrimento*, de um bom hambúrguer. Ele é *consumido* como *signo da falta*. Ele mostra a falta sem que a gente tenha de sofrê-la de verdade.

Será que quem só pode ter uma única calça usaria jeans rasgado?

Pois é! Quem não tem dinheiro para comprar carne seria vegetariano? O paradoxo é que na cultura do consumo podemos comprar uma dúzia de jeans rasgados para exibir o signo da escassez!

Eu não sinto necessidade nem de me privar de um hambúrguer, nem de usar jeans rasgado. Será que sou um ET? [Risos]

[Risos] Talvez! Ou você está mais em contato com o que lhe falta, não precisa criar substitutos para essa experiência.

Nossa, muito louco tudo isso!

A morte do bom senso

22 de dezembro de 2017

Olá, AnaLisa, sobre o que gostaria de conversar hoje?

Olá, Marion, veja só que loucura! Uma amiga estava me contando que contratou uma personal stylist. É uma profissional que ajuda você a se vestir. Não é só alguém que entende de moda. Ela tem um olhar para o biotipo, a personalidade, a atividade, o estilo e o nível de vida, e ajuda a formatar a imagem que a pessoa quer passar ao se vestir. Organiza o que a pessoa já tem no armário e indica lojas para o que estiver faltando. Se o cliente quiser, ela vai junto para fazer as compras. Minha amiga não é uma artista ou uma celebridade. É uma pessoa comum como eu e você. Dá a impressão de que a gente não sabe mais viver sem a ajuda de especialistas. O que a psicanálise tem a dizer sobre isso?

Muito bem observado, AnaLisa. Eu também reparei nisso. No começo fiquei me perguntando se seria muito diferente de você consultar um médico, especialista em alguma doença. Ou de contratar um professor de piano para aprender a tocar. Nesses dois casos, é evidente que cada um tem um saber e uma experiência que um leigo não tem. Mas depois percebi que fomos, de fato, virando leigos em tudo!

É mesmo! E, ao mesmo tempo, foram surgindo especialistas em tudo! Já não sabemos comer sem a ajuda de um nutricionista. Nem fazer ginástica sem a ajuda de um personal; *planejar a vida pessoal e profissional sem um* coach; *levar um casamento sem terapia de casal; dar à luz sem o acompanhamento de um time de profissionais; criar filhos sem a ajuda de psicólogos e educadores; fazer uma poupança sem a ajuda de economistas. Nossa, será que é por isso que os livros de autoajuda estão bombando?*

Faz sentido! Suponho que a *personal stylist* tenha estudado um pouco de semiótica numa faculdade de moda. Aí ela se torna uma especialista em mensagens que o corpo-vestido transmite, enquanto sua amiga deve ser totalmente leiga no assunto. Imagine o perigo de se vestir sem saber que imagem ou mensagem você está passando! [Risos]

[Risos] Por outro lado, essa profissional não deve estar atualizada sobre as últimas descobertas científicas sobre o que faz bem ou mal em termos de alimentação. Vai precisar de uma nutricionista para saber comer.

Contanto que ela tenha bom senso e não perca o contato com a vida real.

Espere aí: você é contra especialistas?

De jeito nenhum! Sempre que precisar, vou recorrer a um. Aliás, a psicanálise não é contra nada, apenas tenta interpretar o que um comportamento coletivo revela sobre o mundo em que vivemos. Tentamos evitar uma postura que, além de moralista, é muito chata.

Afinal, ninguém escapa da cultura em que nasceu!

Pois é! O fato é que, na nossa cultura, a relação com a vida está, cada vez mais, mediada por *coaches*. E, como observaram Luciana e Isabel Botter, isso acontece mesmo na relação entre a mãe e seu bebê, que sempre foi "natural", espontânea e direta. Claro que a intenção é a melhor possível...

... ninguém vai querer usar o próprio filho como cobaia. Nesse sentido, é bom ter a ajuda de um especialista em amamentação!

É claro que em alguns casos complicados isso é muito importante. Se você é uma celebridade, uma *personal stylist* é fundamental. É arriscado ser maratonista sem o acompanhamento de um nutricionista e de uma assessoria esportiva. Mas quando o *coaching* se torna a regra para tudo, a gente tem de se perguntar o que isso revela sobre o mundo em que vivemos.

De fato, é um pouco bizarro a gente ter medo de fazer besteira se tentar viver sem a mediação desses profissionais.

Isso indica que o saber comum passou a ser vivido como coisa de leigo. A mãe se desautoriza. Deixa de confiar no seu bom senso, no que faz sentido para ela, naquilo que ela poderia aprender diretamente da sua própria experiência. A superespecialização ganha terreno sobre o saber comum, aquele que se conquista na relação direta com a vida.

Mas por que isso acontece?

Pense comigo: o conhecimento passou a ser produzido em massa pelas universidades, criando aquilo que chamamos de indústria do conhecimento. Para abrir espaço para a gente consumir esse conhecimento hiperespecializado, é preciso desqualificar o saber comum. Nessa hora, o conhecimento superespecializado passa a valer mais que o saber comum.

Entendi. As pessoas passam a investir os especialistas como autoridades no assunto, e em paralelo, se tornam leigas. E quanto mais se tornam leigas, mais precisam dos especialistas.

É um pouco mais complexo que isso. O problema é quando a produção industrial de conhecimento faz com que as coisas passem do ponto.

Como assim?

Baudrillard cunhou o termo "hipertelia" para descrever um sistema que se desenvolve tanto, tanto, tanto, que vai além de sua finalidade racional e acaba anulando seus próprios objetivos.

Ah! É uma espécie de obesidade mórbida, ou de multiplicação cancerosa do conhecimento?

Excelente imagem! O câncer é um enlouquecimento das células de um órgão, que se multiplicam até inviabilizar o seu funcionamento. A mesma coisa acontece com o conhecimento. Ele pode desembestar até matar o senso comum. Por exemplo, saber alguma coisa sobre o valor dos nutrientes é importante para nossas vidas. Mas quando se sabe demais da conta, já não sabemos o que, como e quando comer.

O tiro sai pela culatra... e mata o bom senso.

Uma pena... Nesse sentido, a hiperespecialização se descola da vida real. Ela só serve para os próprios especialistas.

Um pouco como certos estilistas parecem estar a serviço da moda, e não das pessoas.

Nossa, muito louco tudo isso!

Que tiro foi esse?

3 de fevereiro de 2018

Olá, AnaLisa, sobre o que gostaria de conversar hoje?

Olá, Marion, veja só que loucura! Domingo, almoçando com duas amigas, assisti a um vídeo que viralizou no Youtube. É de uma funkeira chamada Jojo Todynho. É uma figuraça, não sei se você já viu.

Não vi...

Não acreditei quando ouvi a música "Que tiro foi esse?", acompanhada de coreografias e performances em que as pessoas simulam que foram alvo de uma bala perdida e caem "mortas" no chão. Várias celebridades aproveitaram para postar seus próprios vídeos com a mesma trilha sonora. Achei bizarro porque balas perdidas matam – são uma tragédia, uma praga. Ainda mais curioso foi descobrir que a expressão virou elogio, já que a letra do funk é "que tiro foi esse, que está um arraso". O que a psicanálise tem a dizer sobre isso?

Não conheço esse funk. Vamos ver juntas. Aqui está. Achei. Jojo Todynho: https://www.youtube.com/watch?v=Qw4uBk-7DOa8. Sessenta milhões de visualizações? Do ponto de vista psicanalítico, isso quer dizer que veio atender a alguma necessidade emocional das pessoas.

Veja, tem também outros vídeos tragicômicos "comentando" o primeiro. As pessoas "levam um tiro", morrem e ressuscitam, dançando num ritmo frenético e sensual. Este, por exemplo: https://www.youtube.com/watch?v=hEBcLojaxOI.

Acho que o tiro mais a coreografia têm uma função do ponto de vista emocional: servem para "dominar" coletivamente a angústia de viver com medo de ser atingido por uma bala perdida em qualquer lugar, a qualquer hora, do nada.

Dominar a angústia com um funk?

É que eu associei esses dois tempos – morrer e ressuscitar – com uma sacada genial de Freud. Ele entendeu que o brincar servia para as crianças dominarem seus medos. O prazer de brincar é também o prazer de dominar o medo. O neto dele inventou uma brincadeira em dois tempos que ficou conhecida como *fort-da*. São "palavras" no vocabulário alemão de um bebê. A tradução em português adulto seria *"foi embora-voltou"*...

... Ah, conheço! O garotinho atirava um carretel debaixo da cama e gritava: "foi embora!". Depois puxava o fio, o carretel voltava, e ele exclamava, feliz da vida: "voltou!". Repetia esses gestos com as mesmas palavras muitas e muitas vezes. Freud descobriu que ele estava brincando com o perigo: fazer a mãe-carretel desaparecer (a mãe tinha saído de casa, tinha sumido do campo visual do filho), mas também fazê-la voltar assim que ele quisesse. O fort-da era uma maneira de transformar o pior pesadelo de qualquer criança, ser abandonado pela mãe – note a voz passiva de "ser abandonado" –,

numa situação em que ele tinha voz ativa. Graças à repetição rítmica, acabava produzindo prazer no lugar do pavor.

Quer dizer, brincar é uma maneira de criar uma "historinha", uma narrativa, que serve para controlar simbolicamente o que apavora. Foi o que pensei a respeito do funk "que tiro foi esse". O potencial traumático da bala perdida poderia ser "dominado" psiquicamente graças a essa brincadeira tragicômica no campo da cultura.

Será que isso de controlar o terror por meio de uma historinha, ou de uma brincadeira no campo da cultura, tem a ver com o gosto de certas pessoas por filmes de terror? Elas também estão brincando com o perigo?

Bem lembrado, acho que sim. Podemos falar disso algum dia.

Então, "que tiro foi esse" pode ser entendido como um *fort-da* das comunidades. Ajuda a tolerar o intolerável. Eu acho que morrer desse jeito é pior do que morrer numa guerra ou num ataque terrorista, que bem ou mal já fazem parte do nosso repertório psíquico. Aqui, não. Isso não fazia parte de nosso repertório até pouco tempo atrás. Assim como Auschwitz era inconcebível até acontecer e passar a fazer parte do nosso repertório. A bala perdida é uma morte aleatória, de quem deu azar, absurda, sem sentido nenhum.

Dá para morrer ainda no útero, sem sequer ter nascido!

Acho que esse funk veio para inscrever esse horror em nosso repertório simbólico. As pessoas precisavam disso. Satisfaz uma necessidade emocional. Permite conceber o tanto que a vida e a morte podem ser aleatórias. Senão não haveria 60 milhões de visualizações.

Então, mal comparando, é como a tragédia grega – uma criação cultural que permite fazer a catarse dos nossos piores terrores, desejos, ambições, ódios, rivalidades, parricídios, matricídios...

Bem pensado! A música gritada que penetra na medula, a morte e a ressureição coreografadas num ritmo frenético e sensual, e a própria presença cênica impactante da Jojo – tudo isso ajuda a purgar nossas raivas e dores. Rimos de nervoso e de revolta. Gritamos juntos nossa impotência, compartilhando com os semelhantes um mesmo destino. Mas também dançamos comemorando a vida.

E talvez a figura da Jojo Todynho também tenha sua importância.

Concordo. Estamos vivendo um momento de empoderamento de minorias. Sendo mulher, negra, pobre, e com um visual disruptivo, criado para contestar os modelos hegemônicos de beleza, ela está bem posicionada para ser a porta-voz da comunidade. Ela canta seu cotidiano inaceitável de um jeito que consegue ser, ao mesmo tempo, um protesto raivoso, desesperado, vital e bem-humorado.

Só não entendo uma coisa: como um tiro pode ser um arraso? Como essa violência pode ter uma conotação positiva?

Ah, acho que tem a ver com a glamourização da violência e do crime, especialmente do tráfico. Traficantes podem ser vistos como heróis. Essas figuras masculinas "bem-sucedidas" que "cuidam" de suas comunidades têm seu apelo. Roubar, matar e desafiar a polícia podem ser vistos como manifestação de virilidade e ter um apelo junto às mulheres. Não por acaso é uma funkeira que diz "está um arraso".

Dependendo do ponto de vista, a bala perdida é um horror ou um arraso...

Muito louco tudo isso!

Como se fabrica um fanático?

19 de agosto de 2017

Olá, AnaLisa, sobre o que gostaria de conversar hoje?

Olá, Marion, veja só que loucura! Me contaram a história de Michel dos Santos, um jovem francês de família portuguesa que se juntou ao Estado Islâmico. Em 21 de novembro de 2014, o jornal Le Monde *publicou uma matéria sobre ele escrita por Soren Seelow. A família ficou chocada quando o reconheceu em um vídeo de propaganda, participando daquelas execuções escabrosas. Tinha apenas 22 anos. Segundo eles, era um rapaz calmo, tímido e dócil. Católico praticante, gostava de futebol e música eletrônica. Aos 16 anos virou muçulmano. Deixou crescer a barba, mudou seu nome para Youssef e passou a frequentar a mesquita. Exigiu que a namorada saísse da escola e usasse véu. A mãe chorou e o pai o espancou. Não adiantou nada. Ele foi para a Síria. Esse não é um caso isolado. Muitos jovens europeus têm trilhado esse caminho radical. O que a psicanálise tem a dizer sobre isso?*

Quando estive em Paris, comprei um livro chamado *Les fanatiques*, escrito pelo psicanalista Bernard Chouvier (2009). No livro, o autor analisa o processo por meio do qual alguém abdica de ser sujeito de sua própria vida e oferece sua mente para ser colonizada pelo discurso do outro. Ao fim do processo, não sobra nem um pedacinho autônomo de eu. A identidade está inteiramente sustentada em um único pilar: a luta pela causa. Ou isso, ou o desmoronamento psicótico.

Puxa, faz sentido! Lutar pela causa é lutar pela sobrevivência do eu! Mas a troco de que alguém vai querer abdicar de ser sujeito de sua vida?

Ah, esse é o "x" da questão! Ninguém é bobo: a relação custo-benefício tem de compensar, e muito. Cabe à pessoa que vai aliciar o futuro fanático saber vender esse peixe. O processo de fanatização tem algumas etapas.

Quais?

Primeiro, é preciso aproveitar os momentos de crise, como a adolescência, para abalar ainda mais as referências que organizam a identidade do sujeito. Por exemplo: "será que a vida é só isso que seus pais, professores e a mídia estão querendo impor a você? Quer ficar nessa vidinha besta de trabalhar-comer-dormir? Não se revolta contra as injustiças sociais?".

Mas esses momentos de crises e questionamentos me parecem interessantes e saudáveis!

E são mesmo. Um pouco de angústia sempre faz bem, porque empurra as pessoas para a frente; elas se sentem instigadas a encontrar suas próprias respostas para essas questões. Mas outras, mais frágeis, que já vivem "cronicamente angustiadas", em vez de ir para frente, vão para trás. Tornam-se então presas fáceis, porque aceitam quase qualquer coisa que lhes permita recuperar algum equilíbrio emocional. O aliciador detecta esse terreno fértil, e ali vai plantar as primeiras sementes da ideologia – respostas prontas para o sofrimento existencial.

A internet e as redes sociais são muito eficazes nesse processo.

Segundo li, há uma técnica muito bem pensada. Os vídeos de recrutamento de jovens para o Estado Islâmico não mostram o rosto de ninguém. Há apenas uma voz atemporal que vai transmitindo a mensagem para que cada um possa projetar ali o que quiser. Naturalmente, só alguns serão fisgados. A etapa seguinte é colocá-los em contato com os aliciadores de plantão. A relação custo-benefício começa a valer a pena para o futuro fanático.

Eu não abriria mão de minha capacidade crítica por nada neste mundo!

AnaLisa, se você estivesse na pele desses pobres coitados, não só não saberia que está vendendo a alma ao diabo, como se sentiria plena e feliz, talvez pela primeira vez na vida. Nós nem estaríamos aqui conversando! [Risos]

[Risos] É verdade, esqueci que estamos falando de uma solução sintomática, que é sempre inconsciente.

Pois bem: só o nível consciente e racional da mensagem não seria capaz de converter ninguém, até porque os argumentos costumam ser simplificados até se tornarem caricaturais. É preciso fomentar e depois explorar a relação de dependência afetiva. O aliciador se oferece como mestre, o que não é difícil, já que ele *realmente acredita* estar de posse da "verdade". Sabe misturar doses de sedução, autoridade e medo, conforme o caso. Ama o futuro fanático como a um filho. Apresenta a ele o grupo de irmãos, que o acolhe com alegria.

Freud faz uma análise fina desse processo em Psicologia das massas e análise do eu *(Freud, 1921/2011a).*

De repente, aquele que se arrastava entre o tédio, a angústia e a melancolia se sente livre, leve e empoderado. E o mais importante:

agora encontrou um sentido para sua vida! Tem valores, está "do lado certo". Tem um objetivo, um ideal pelo qual lutar. Suas ações "fazem a diferença". Se sente útil, necessário.

Pensando bem, a relação custo-benefício compensa. Você me convenceu [risos]. Mas se é uma opção, não seria o caso de respeitá-la?

Veja bem: não se trata de uma opção religiosa genuína, a ser respeitada, mas da adesão alienada a uma seita. Do ponto de vista psicanalítico, isso não é uma opção, mas uma solução sintomática.

Por quê?

Porque "resolve" a angústia ligada à fragilidade do eu sem passar por uma verdadeira elaboração dos problemas.

A família de Michel-Youssef disse que ele era calmo, tímido e dócil. Acho que era submisso a esse pai, que ama, mas resolve as coisas na porrada. Lutar por uma causa pode ser uma tentativa de sair dessa posição subjetiva. Virar homem. Se respeitar e ser respeitado. Não ser mais humilhado. Dar vazão ao ódio de uma vida inteira, com o respaldo de uma ideologia. E ainda se tornar um herói.

Concordo inteiramente com você.

Amós Oz escreveu Como curar um fanático. *Pelo que você diz, nesse ponto já não tem mais cura!*

Muito louco tudo isso!

Você está podendo?

7 de setembro de 2017

Olá, AnaLisa! Sobre o que gostaria de conversar hoje?

Olá, Marion, veja só que loucura! Meu primo tinha começado a cultivar uma horta no sítio dele. Era muito dedicado e se empenhava com amor em fazer crescer uns pepinos. Quando nasceu o primeiro, chorou de emoção. Até entendo que a gente fique satisfeito em colher os frutos do nosso trabalho, mas chorar por causa de um pepino? O que a psicanálise tem a dizer sobre isso?

Observação sutil, a sua! Porque a psicanálise se interessa justamente por situações que parecem desproporcionais ou enigmáticas para o senso comum. Ninguém se espantaria se ele se emocionasse com o nascimento de um filho. Mas você vai ver que o inconsciente tem sua lógica, e que seu primo deve ter boas razões para chorar de emoção ao ver seu primeiro pepino – o que não aconteceria necessariamente com você, por exemplo. Suponho que o pepino lhe deu alguma notícia sobre ele mesmo, e foi essa mensagem que o emocionou.

Talvez seja a mesma notícia que o recém-nascido dá a seus pais.

Você sacou que, do nosso ponto de vista, importam menos as coisas em si mesmas e mais o que elas significam para cada um. Pepino e bebê podem significar a mesma coisa do ponto de vista do nosso funcionamento psíquico.

Pois bem. Para entendermos que notícias o pepino deu ao seu primo, precisamos saber como nasce o eu. Nos primeiros anos de vida só podemos ter notícias de nós por meio das mensagens que as pessoas significativas nos enviam. Para o bem ou para o mal.

São essas mensagens que nos contam o que significamos para elas.

Sim, mas o mais importante não são suas mensagens verbais, e sim aquelas que são transmitidas inconscientemente pelos poros, pela pele, por uma comunicação não verbal. É com elas que nos identificamos. A criança pequena também capta essa comunicação pela pele – como os cachorrinhos, que podem não entender as palavras, mas entendem perfeitamente o tom com que falamos com eles. Por isso não adianta repetir "eu amo você" se os poros do inconsciente dizem "você me decepciona".

Espere um pouco, você foi rápido demais: como assim, nos identificamos com essas mensagens? Identificar-se é tornar-se idêntico?

Mais ou menos. A criança pequena "traduz" as mensagens que vêm dos poros do inconsciente do jeito que pode, com os recursos que tem. Muitas vezes a tradução é cheia de equívocos. Ou, pior, ela nem consegue traduzir nada. Mesmo assim, ela vai se identificar com o que "entendeu". Assim nasce a parte inconsciente do eu.

E você disse que isso acontece para o bem ou para o mal?

Sim, e com isso nos aproximamos do pepino. Das muitas capacidades inatas da criança, os poros da mãe (na verdade, do ambiente como um todo) qualificam ou desqualificam conforme suas próprias expectativas. E eles tanto podem dizer "para mim você vale, você pode" quanto "para mim você não vale, não pode...".

Então a criança poderá se identificar com ambas as mensagens, uma que fortalece e/ou outra que acaba com a autoestima.

Exatamente! A potência vital do eu depende, dentre outros fatores, da internalização e da identificação com o primeiro tipo de mensagem.

Traduzindo...

Precisamos fazer com que esse olhar, inicialmente externo, se transforme no modo como olhamos para nós mesmos. E então poderemos ter a sensação de que "estou podendo".

Que é uma sensação maravilhosa!

O oposto disso é a vivência de impotência: "não tenho valor, não sou capaz, não dou conta". Chamamos isso de identificação melancólica. Essa identificação é tão forte, tão potente, que podemos passar a vida acreditando nessa versão de nós mesmos. E o pior é que quanto mais a gente acredita nela, mais vai se comprovar que não damos conta mesmo.

E o pepino?

Calma, estou chegando lá. Quando crescemos, a opinião das pessoas significativas continua sendo importante, mas idealmente adquirimos também alguma independência em relação a elas. Pois as coisas que realizamos no dia a dia também nos dão notícias sobre nós: um esporte, um bolo, ou um belo pepino que acaba de nascer. Essas realizações podem relativizar aquela verdade sobre o eu que parecia definitiva e absoluta. Se o pepino tem valor, então o eu também tem valor.

É verdade que meu primo não conseguia se acertar na vida. Ele se via como um fracasso.

Então dá para entender a emoção que toma conta dele quando vê seu primeiro pepino. Pela primeira vez em muito tempo, em vez de se sentir um fracasso, sente que "está podendo".

Ah, é por isso que as histórias de superação nos emocionam tanto!

Bem lembrado! Em geral, essas histórias falam da superação de dificuldades concretas. Mas para superar dificuldades concretas precisamos antes superar dificuldades internas, amarras psíquicas.

Seriam as tais identificações melancólicas, que fazem com que a gente tenha certeza de que "não vou dar conta"?

As próprias. Se não conseguirmos superar essas amarras, não damos nem o primeiro passo para tentar superar as dificuldades concretas! A emoção do seu primo nos conta que, por alguma razão, ele não se sentia capaz de produzir algo bom, vivo, de valor. E por isso acabava fracassando. Ele se emociona pois superou não apenas dificuldades botânicas, mas também as amarras inconscientes que o impediam de acreditar em si mesmo.

Muito louco tudo isso!

Você sabe colocar limites?

15 de junho de 2018

Olá, AnaLisa, sobre o que gostaria de conversar hoje?

Olá, Marion, veja só que loucura! Um casal de amigos tem um filho de 3 anos que já é um pequeno tirano. Quando contrariado, se joga no chão berrando, chuta e quebra as coisas. Fica totalmente fora de controle. Os pais tentam colocar limites, mas não conseguem. Quando a paciência acaba, saem do sério e berram de volta. E acabam trancando ele no quarto, de castigo. Dá para ouvir de longe o garoto chutando a porta de tanto ódio. Eles têm a esperança de que desta vez o garotinho vai se comportar, mas dali a pouco ele já está extrapolando de novo. E o ciclo recomeça. Todos ficam exaustos, arrasados e infelizes. A convivência deixa de ser um prazer e vira um tormento. O que a psicanálise tem a dizer sobre isso?

Que bom que você abordou este tema! Essa discussão é importante porque muitas pessoas têm a impressão de que a solução é simples: basta colocar limites. Mas você percebeu bem: há situações em que simplesmente isso não só não adianta como ainda piora as coisas.

Sim, essa criança está cada vez mais revoltada.

Claro, porque falta uma reflexão sobre o que faz aquela criança se comportar daquele jeito. É como dar penicilina para todo mundo que tem febre, sem tentar descobrir por que ela ocorre.

Então, como se faz essa análise?

Antes de mais nada, precisamos partir do pressuposto de que muitos comportamentos infantis são mensagens cifradas, na linguagem em que a criança consegue se comunicar. Um Google Kids, dentro da modalidade "tradução", seria de muita ajuda. Em geral, o comportamento que você descreveu indica que há um foco de sofrimento psíquico intenso que não está sendo reconhecido, nem cuidado.

E que sofrimento seria esse? Muitas vezes parece que a criança é mimada e quer tudo do jeito dela.

Crianças são excessivas. São um saco sem fundo de demandas e de exigências. É da natureza delas. Tendem a se excitar demais e a se desorganizar de tanto querer alguma coisa. Não conseguem ser razoáveis. Ainda não aprenderam a regular os seus quereres de acordo com o que faz bem ou mal para elas. Ou mesmo de acordo com o que é possível ou não naquele momento.

Então, dar limites é, antes de mais nada, dar contornos, limitar esse excesso, já que essas criaturinhas são insaciáveis.

Exato. "Isso pode, isso não pode; isso é para seu bem, isso vai te fazer mal."

Mas também é importante poder dizer: "isso não pode, mas se é tão importante para você, hoje podemos abrir uma exceção".

E ainda: "hoje não dá, mas amanhã sim".

Moderar e modular o desejo e o prazer, mas com jogo de cintura. E suponho que também com amor.

Bem lembrado. Vamos trocar amor, que é um termo muito genérico, por empatia: o adulto tem que ser sensível ao fato de que a criança vai sofrer com o "não".

Então os pais têm que tolerar algum esperneio, já que eles estão colocando limites.

É fundamental! E aqui a gente começa a entender a mensagem cifrada de que lhe falei, expressão de um foco de sofrimento psíquico não reconhecido. Tem pais que, por motivos totalmente *inconscientes* para eles, não aguentam o mínimo esperneio diante do "não" que disseram ao filho. Proíbem o que, no fundo, é justo e até esperado. Ou pior: se "vingam" (de um jeito mais ou menos sutil) da criança que está expressando sua raiva.

Mas esperneio também não tem que ter limites?

Sim, claro. Mas ele tende a arrefecer naturalmente quando conseguimos, com algum afeto e muita paciência, transmitir à criança que ela tem razão em espernear. Que a gente entende que é chato mesmo ouvir um "não". Mas também que não é o fim do mundo, pois logo haverá outros "sins".

Entendo por que a empatia é tão importante. E haja paciência!

E quando até o direito de sentir e expressar alguma raiva é "cassado", o meio de campo começa a embolar. Percebe que isso já não tem mais nada a ver com "colocar limites"?

Percebo. Aquilo que estava a serviço de dar contornos e de ajudar a criança a se autorregular vai se transformando, imperceptivelmente, em pura e simples repressão – no sentido militar, e não no sentido psicanalítico.

Em vez de ser estruturante, a repressão militar produz sofrimento psíquico. Surgem sintomas que precisam ser corretamente diagnosticados, ou melhor, *traduzidos*.

Alguém tem de inventar urgentemente um Google Kids!

Então aqui vai a primeira dica de tradução: sabe qual a diferença entre frustração e dor psíquica?

Frustração tem a ver com um desejo que não foi satisfeito.

Isso mesmo. "Não vai tomar mais um sorvete porque já tomou dois, está de bom tamanho." Ou então: "acabou o dinheiro, não posso te comprar mais um sorvete". Um "não" bem colocado faz bem, só que é chato, dá raiva. Normal.

Já a dor eu acho mais difícil.

A falta de empatia *sistemática* dos pais em relação à vida emocional da criança produz dor psíquica. E aí, quando esse sofrimento se torna crônico, não produz mais uma simples raiva, mas um verdadeiro ódio.

Espere um pouco: ódio de quem contra quem?

Quando o meio de campo embola, todos sofrem, e por isso todos surtam. Pode ser um pouco chocante o que vou dizer, mas a verdade é que o ódio é recíproco. Os pais querem esganar os filhos e vice-versa.

Isso é exatamente o que está acontecendo na casa dos meus amigos.

Muito louco tudo isso!

Brincar para se tratar

29 de junho de 2018

Olá, AnaLisa, sobre o que gostaria de conversar hoje?

Olá, Marion, veja só que loucura! Estava na casa de uns amigos que têm um filhinho de 1 ano. Lá pelas tantas, quando ele ficou com sono, se deitou de bruços sobre uma mesa de centro revestida de azulejos e ficou se contorcendo de barriga para baixo, como uma minhoca, até adormecer. Os pais disseram que faz uns meses que ele criou esse ritual e não dorme sem ele. Achei estranho, pois em geral as crianças escolhem lugares macios e quentinhos para adormecer. O que a psicanálise tem a dizer sobre isso?

Ele criou um ritual, mas também podemos dizer que criou uma brincadeira. Me lembrei daquela brincadeira famosa que foi inventada pelo neto de Freud. Como já mencionamos, o neto dele inventou uma brincadeira em dois tempos que ficou conhecida como *fort-da*. São "palavras" no vocabulário alemão de um bebê. A tradução em português adulto seria *"foi embora-voltou"*.

É verdade. Ele fazia isso quando a mãe saía de casa. Começou atirando o carretel, talvez para se livrar do pavor de ficar sozinho, mas depois acabou virando uma brincadeira.

É simplesmente genial. Em vez de sofrer passivamente o sumiço inesperado da mãe, produz seu desaparecimento ativamente. A graça da brincadeira é que, ao atirar o carretel, ele já sabe que este vai voltar. O pavor vai cedendo lugar ao prazer. A repetição acaba "domesticando" o trauma. A criança brinca para se tratar.

Entendo. Ela vai se dando conta de que há uma diferença entre o horror do abandono definitivo e uma simples ausência.

O repertório conceitual e emocional se amplia. Quando estão psiquicamente saudáveis, as crianças inventam continuamente novas brincadeiras para se tratar daquilo que as assombra. O filho dos seus amigos brinca de minhocar numa mesa gelada até dormir. De que "trauma" será que ele está se tratando?

Tenho um palpite. Mas, antes, eu queria perguntar o seguinte: como alguém cria uma brincadeira para poder se tratar?

Excelente questão. Obviamente, para o neto do Freud, o carretel representa a mãe. Isso quer dizer que ele *transferiu* alguma característica da mãe para o carretel. E ele escolheu o carretel para fazer essa transferência porque, para ele, ambos têm algo em comum.

Como assim? O que o carretel e a mãe têm em comum?

A mãe some e volta. O carretel também. Graças a esse traço em comum, a criança pode transferir o sumiço/retorno da mãe para o carretel. O carretel se torna um objeto investido transferencialmente como um equivalente da mãe. Nesse contexto afetivo, o carretel interpreta para a criança o que ela está vivendo.

Ah, agora é demais. Um carretel interpreta?

Claro! É por isso que brincar é terapêutico. Ao ser atirado para baixo da cama, o carretel "conta" para o menino que ele está às voltas com o problema do sumiço da mãe. Dessa forma, ele tem a oportunidade de perceber do lado de "fora", de forma concreta, aquilo que o inquieta e assombra "dentro". Num primeiro momento, antes dessa concretização, é uma inquietação vaga, sem cara, sem forma, e, por isso mesmo, aterrorizante.

Hum. Então, ao ser resgatado, ao reaparecer, o carretel "conta" para o garotinho que, assim como ele voltou, a mãe vai voltar?

Isso. E agora vem o mais importante: é a criatividade psíquica da criança que lhe permite equiparar o carretel à mãe por meio do traço em comum. A criança faz uma associação livre, que é sinal de saúde mental.

Quer dizer que as características reais do carretel são importantes para que ele possa transferir o que precisa ser elaborado?

São. Um ursinho de pelúcia "aceita a transferência" dos aspectos acolhedores da mãe porque é macio e quentinho. Já o lobo mau "aceita a transferência" dos aspectos aterrorizantes da mãe.

Você está usando o conceito de transferência de um jeito diferente daquele que eu aprendi, que é a relação com o analista.

Sim, a transferência para o analista é um caso particular disto que estou descrevendo. Ele se dispõe a aceitar todos os tipos de transferência para que o paciente consiga reconhecer "fora" o que o assombra "dentro". Mas voltando à situação que você descreveu: o bebê que precisa minhocar sobre a mesa gelada para adormecer.

Eu disse que tinha um palpite sobre qual poderia ser o "trauma" do qual ele estava se tratando. Ele nasceu com um pequeno cisto na coluna. Com horas de vida fez uma ressonância magnética. E depois outras, até que os médicos decidiram operar. Depois da cirurgia fez novos exames para acompanhar a evolução.

Sempre com a barriga para baixo! Claro, seu palpite tem tudo a ver! Os bebês saem do útero esperando encontrar alguma continuidade do ambiente que conhecem. Mas este encontrou algo duro, liso e frio. Essa experiência sofrida e impossível de ser digerida certamente ficou gravada em sua memória corporal.

Pelo que entendi da sua explicação sobre o jogo do carretel, essas sensações desconhecidas foram traumáticas. Quando ele se deita sobre a mesa de azulejos gelados ele está sendo ativo lá onde antes foi passivo. Está recriando essa situação horrível para conseguir reconhecer "fora" o que ficou inscrito "dentro", e assim ir se apropriando do que viveu.

"Ir se apropriando" é a expressão exata. A mesa de azulejos "atrai" o traumático porque tem traços em comum com a de ressonância magnética. O frio, duro e liso do passado é transferido para o presente. E por isso mesmo se presta a ajudar a elaborar o que ficou encruado no inconsciente. A mesa de azulejos "interpreta" para ele seu sofrimento inconsciente.

Posso até imaginar o diálogo entre o bebê e a mesa:

Ele – Esta superfície gelada me dá medo e não sei bem por quê. Sinto que é algo de estranhamente familiar.

Ela – Sim, você já viveu isso antes. Na época foi muito sofrido, e você não tinha como entender que diabo era aquilo.

Ele – Reconheço vagamente esta sensação. Mas não tenho palavras para descrevê-la.

Ela – Então preste atenção em mim que eu vou lhe contar: eu sou dura, lisa e fria. Acho que são estas as palavras que você está procurando.

Ele – Ah, então é isso que me assombra desde sempre!

Adorei! Um diálogo dentro do nosso diálogo!

Fiquei com uma dúvida. Você disse que nem todas as crianças conseguem usar esse recurso para se tratar.

Exatamente. Um ambiente emocional turbulento prejudica a instalação do *chip* da capacidade de brincar. E isso desde as primeiras horas de vida.

O que tornaria esse ambiente emocional difícil para o bebê?

Em duas palavras: o inconsciente dos pais sempre dá trabalho para os filhos. Normal. Mas quando ele transborda demais e há uma "inundação", a criança tem de gastar muita energia para dar algum destino a esse "material radioativo". E aí sobra pouca energia para brincar. Podemos até falar mais sobre isso numa próxima conversa.

Com certeza!

Muito louco tudo isso!

Referências

Aulagnier, P. (1989). *O aprendiz de historiador e o mestre feiticeiro: do discurso identificante ao discurso delirante*. Trad. Claudia Berliner. São Paulo: Escuta.

Bion, W. R. (1991). *Learning from Experience*. London: Karnac Books. (Trabalho original publicado em 1962.)

Bleichmar, H. (1983). *Depressão, um estudo psicanalítico*. Porto Alegre: Artes Médicas.

Bollas, C. (2000). *Hysteria*. São Paulo: Escuta, 2000.

Cardoso, M. R. (2002). *Superego*. São Paulo: Escuta.

Castoriadis, C. (2000). *A instituição imaginária da sociedade* (5. ed.). São Paulo: Editora Paz e Terra. (Trabalho original publicado em 1975.)

Chasseguet-Smirgel, J. (1992). *O ideal do ego*. Porto Alegre: Artes Médicas.

Chervet, E. (2017). Patient, et interprète. Le domaine intermédiere. *Bulletin de la Société Psychanalytique de Paris, 2017-1*, 35-111. Trabalho apresentado no 7º Congrès des Psychanalystes de Langue Française.

Chouvier, B. (2009). *Les fanatiques*. Paris: Odile Jacob.

Donnet, J-L. (2005). *La situation analysante*. Paris: PUF.

Dumet, N., & Ménéchal, J. (2005). *Quinze cas cliniques em psychopathologie de l'adulte*. Paris: Dunod.

Fédida, P. (2009). *Dos benefícios da depressão*. São Paulo: Escuta.

Ferenczi, S. (1990). *Diário clínico*. São Paulo: Martins Fontes.

Ferenczi, S. (2011a). Confusão de língua entre os adultos e a criança (a linguagem da ternura e da paixão). In S. Ferenczi, *Obras completas* (Vol. 4, pp. 111-121). São Paulo: Martins Fontes. (Trabalho original publicado em 1933[1932].)

Ferenczi, S. (2011b). A criança mal acolhida e sua pulsão de morte. In S. Ferenczi, *Obras completas* (Vol. 4, pp. 55-60). São Paulo: Martins Fontes. (Trabalho original publicado em 1929.)

Figueiredo, L. C. (2009). *As diversas faces do cuidar*. São Paulo: Escuta.

Freud, S. (2010a). Observações psicanalíticas sobre um caso de paranoia (*dementia paranoides*) relatado em autobiografia ("O caso Schreber"). In S. Freud, *Observações psicanalíticas sobre um caso de paranoia (dementia paranoides) relatado em autobiografia ("O caso Schreber"), artigos sobre técnica e outros textos* (pp. 13-107). São Paulo: Companhia das Letras. (Coleção

Obras Completas, Vol. 10) (Trabalho original publicado em 1911.)

Freud, S. (2010b). Introdução ao narcisismo. In S. Freud, *Introdução ao narcisismo, ensaios de metapsicologia e outros textos* (pp. 13-50). São Paulo: Companhia das Letras. (Coleção Obras Completas, Vol. 12.) (Trabalho original publicado em 1914.)

Freud, S. (2010c). Recordar, repetir e elaborar. In S. Freud, *Observações psicanalíticas sobre um caso de paranoia (dementia paranoides) relatado em autobiografia ("O caso Schreber"), artigos sobre técnica e outros textos* (pp. 193-209). São Paulo: Companhia das Letras. (Coleção Obras Completas, Vol. 10.) (Trabalho original publicado em 1914.)

Freud, S. (2010d). Luto e melancolia. In S. Freud, *Introdução ao narcisismo, ensaios de metapsicologia e outros textos* (pp. 170-194). São Paulo: Companhia das Letras. (Coleção Obras Completas, Vol. 12.) (Trabalho original publicado em 1917.)

Freud, S. (2010e). Além do princípio do prazer. In S. Freud, *História de uma neurose infantil ("O homem dos lobos"), Além do princípio do prazer e outros textos* (pp. 161-239). São Paulo: Companhia das Letras. (Coleção Obras Completas, Vol. 14.) (Trabalho original publicado em 1920.)

Freud, S. (2010f). O mal-estar na civilização. In S. Freud, *O mal-estar na civilização, Novas conferências introdutórias à psicanálise e outros textos* (pp. 13-123). São Paulo: Companhia das Letras. (Coleção Obras Completas, Vol. 18.) (Trabalho original publicado em 1930.)

Freud, S. (2011a). Psicologia das massas e análise do eu. In S. Freud, Psicologia das massas e análise do eu e outros textos (pp. 13-

113). São Paulo: Companhia das Letras. (Coleção Obras Completas, Vol. 15.) (Trabalho original publicado em 1921.)

Freud, S. (2011b). O eu e o id. In S. Freud, *O eu e o id, "autobiografia" e outros textos* (pp. 13-74). São Paulo: Companhia das Letras. (Coleção Obras Completas, Vol. 16.) (Trabalho original publicado em 1923.)

Freud, S. (2014). Inibição, sintoma e angústia. In S. Freud, *Inibição, sintoma e angústia, O futuro de uma ilusão e outros textos* (pp. 13-123). São Paulo: Companhia das Letras. (Coleção Obras Completas, Vol. 17.) (Trabalho original publicado em 1926.)

Freud, S. (2018b). Análise terminável e interminável. In S. Freud, *Moisés e o monoteísmo, Compêndio de psicanálise e outros textos* (pp. 274-326). São Paulo: Companhia das Letras. (Coleção Obras Completas, Vol. 19.) (Trabalho original publicado em 1937.)

Freud, S. (2018c). A cisão do eu no processo de defesa. In S. Freud, *Moisés e o monoteísmo, compêndio de psicanálise e outros textos* (pp. 345-350). São Paulo: Companhia das Letras. (Coleção Obras Completas, Vol. 19.) (Trabalho original publicado em 1938.)

Freud, S. (2018d). Construções na análise. In S. Freud, *Moisés e o monoteísmo, Compêndio de psicanálise e outros textos* (pp. 327-344). São Paulo: Companhia das Letras. (Coleção Obras Completas, Vol. 19.) (Trabalho original publicado em 1938.)

Green, A. (1988a). A mãe morta. In A. Green, *Narcisismo de vida, narcisismo de morte*. São Paulo: Escuta. (Trabalho original publicado em 1980.)

Green, A. (1988b). *Sobre a loucura pessoal*. Rio de Janeiro: Imago.

Green, A. (2002). *La pensée clinique*. Paris: Odile Jacob.

Herrmann, F., & Minerbo, M. (1994). *Creme e castigo: sobre a migração dos valores morais da sexualidade à comida*. Trabalho apresentado no XX Congresso Latino-Americano de Psicanálise, Lima, Peru (1994) e no XV Congresso Brasileiro de Psicanálise, Recife (1995).

Kehl, M. R. (2008). *Deslocamentos do feminino*. Rio de Janeiro: Imago.

Klautau, P., & Damous, I. (2015, jul./dez.). Caminhos e descaminhos do luto: o trabalho de separação mãe-bebê. *Cad. Psicanál.-CPRJ, 37*(33), 51-68.

Klein, M. (1975). Early stages of the Oedipus conflict and of superego formation. In M. Klein, *The psychoanalysis of children* (pp. 123-148). London: Hogarth Press. (Trabalho original publicado em 1932).

Klein, M. (2006). Notas sobre alguns mecanismos esquizóides. In M. Klein, *Inveja e gratidão e outros trabalhos (1946-1963)* (pp. 17-43). Rio de Janeiro: Imago. (Coleção Obras Completas de Melanie Klein, Vol. 3.) (Trabalho original publicado em 1946.)

Kupermann, D. (2008). *Presença sensível*. Rio de Janeiro: Civilização Brasileira.

Laplanche, J. (1987). *Teoria da sedução generalizada*. Porto Alegre: Artes Médicas.

Maduenho, A. (2010). *Nos limites da transferência: dimensões do intransferível para a psicanálise contemporânea.* Tese de doutorado defendida no Instituto de Psicologia da Universidade de São Paulo.

Mannoni, O. (1987). A desidentificação. In A. Roitman (Org.), *As identificações na clínica e na teoria psicanalítica.* Rio de Janeiro: Relume-Dumará.

Marty, P. (1968). La dépression essentielle. *Revue Française de Psychanalyse, 32,* 595-598.

Minerbo, M. (2000). *Estratégias de investigação em psicanálise.* São Paulo: Casa do Psicólogo.

Minerbo, M. (2007). Crimes familiares contemporâneos. *Revista Percurso, 38,* 135-144.

Minerbo, M. (2009). *Neurose e não-neurose.* São Paulo: Casa do Psicólogo.

Minerbo, M. (2010). Núcleos neuróticos e não neuróticos: constituição, repetição e manejo na situação analítica. *Revista Brasileira de Psicanálise, 44*(2).

Minerbo, M. (2011, maio 31). Reinventar a família. *Folha de S. Paulo,* São Paulo, Caderno Equilíbrio.

Minerbo, M. (2012). *Transferência e contratransferência.* São Paulo: Casa do Psicólogo.

Minerbo, M. (2013a). O pensamento clínico contemporâneo: algumas ideias de René Roussillon. *Revista Brasileira de Psicanálise, 47*(2).

Minerbo, M. (2013b). Ser e sofrer, hoje. *Revista IDE, 35*(55), 31-42.

Minerbo, M. (2015). Contribuições para uma teoria da constituição do supereu cruel. *Revista Brasileira de Psicanálise, 49*(4), 73-89.

Minerbo, M. (2016a). Barulho. Silêncio. Trabalhando com os ecos da pulsão de morte. *Revista Brasileira de Psicanálise, 50*(4), 49-64.

Minerbo, M. (2016b). *Diálogos sobre a clínica psicanalítica*. São Paulo: Blucher.

Muszkat, S. (2011). *Violência e masculinidade*. São Paulo: Casa do Psicólogo.

Roussillon, R. (1999). *Agonie, clivage et symbolization*. Paris: PUF.

Roussillon, R. (2001). Le processus hallucinatoire. In R. Roussillon, *Le plaisir et la répétition* (pp. 85-101). Paris: Dunod.

Roussillon, R. (2002). Ombre et transformation de l'objet. *Revue Française de Psychanalyse, 66* (5), 1825-1835.

Roussillon, R. (2006). *Paradoxos e situações limites da psicanálise*. Trad. P. Neves. Porto Alegre: Unisinos.

Roussillon, R. (2008a). L'entreje(u) primitif et l'homosexualité primaire "en double". In: R. Roussillon, *Le jeu et l´entre-je(u)* (pp. 107-134). Paris: PUF.

Roussillon, R. (2008b). La perlaboration et ses modèles. *Revue Française de Psychanalyse, 72*, 855-867.

Roussillon, R. (2008c). *Le transitionnel, le sexuel et la réflexivité*. Paris: Dunod.

Roussillon, R. (2008d). *Le deuil du deuil et la mélancolie*. Separata de texto apresentado em Atenas.

Roussillon, R. (2010). La perte du potentiel. Perdre ce que n'a pas eu lieu. In A. Braconnier, & B. Golse (Dir.), *Dépression du bébé, dépression de l'adolescent* (pp. 251-264). Toulouse: ERES. (Coleção Le Carnet Psy).

Roussillon, R. (2011). A intersubjetividade e a função mensageira da pulsão. *Revista Brasileira de Psicanálise, 45*(3), 159-166.

Roussillon, R. (2012). *Manuel de pratique clinique*. Issy-les--Moulineaux, França: Elsevier Masson.

Roussillon, R. (2012/2013). Deux paradigmes pour les situations--limites: processus mélancolique et processus autistique. *Revue le Carnet Psy Dossier Actualité des États Limites, 161*, 37-41. Editions Cazaubon.

Roussillon, R. (2014). L'empathie maternelle. In M. Botbol, N. Garret-Gloanec, & A. Besse (Dirs.), *L'empathie au carrefour des sciences et de la clinique*. Montrouge: Doin. (Trabalho original publicado em 2010.)

Tanis, B. (2014). O pensamento clínico e o analista contemporâneo. *Jornal de Psicanálise, 47*(87), 197-214. Recuperado em 31 de agosto de 2018. http://pepsic.bvsalud.org/scielo.php?script=sci_arttext&pid=S0103-58352014000200012&lng=pt&tlng=pt.

Winnicott, D. W. (1967). Mirror-role of mother and family in child development. In P. Lomas (Ed.), *The predicament of the family: a psychoanalytic symposium* (pp. 26-33). London: Hogarth.

Winnicott, D. W. (1989). The use of an object and relating through identifications. In D. W. Winnicott, *Psychoanalytic explorations*. London: Karnac Books. (Trabalho original publicado em 1968.)

Winnicott, D. W. (1998). A capacidade para estar só. In D. W. Winnicott, *O ambiente e os processos de maturação* (pp. 31-37). Porto Alegre: Artes Médicas. (Trabalho original publicado em 1958.)

Winnicott, D. W. (2005). O medo do colapso. In D. Winnicott, *Explorações psicanalíticas* (2. ed., pp. 70-76). Porto Alegre: Artmed. (Trabalho original publicado em 1974.)

GRÁFICA PAYM
Tel. [11] 4392-3344
paym@graficapaym.com.br